140
160
180

城東方面

幡野広志

だいたい
人間関係で
悩まされる

#なんで僕に聞くんだろう。

はじめに——「寄り添う」というのは相手の感情に付き合うことだ

「寄り添う」という言葉がある。ぼくもがん患者になって、ぼくに寄り添おうとしてくれる友人や親族がたくさんいた。病気になったという問題をなんとか解決しようとしてくれるのだ。だけどぼくの病気は解決ができない病気なので「まぁ、しょうがないっしょ」の考えで生きている。

もちろん不安はある。だけど不安にかられた人が事態を解決しようとして選択を誤り、事態を悪化させて後悔するケースを何度も見聞きしたので、無理に問題を解決するよりも、まったく関係のないことをして人生をたのしんだほうがいいという考えに至っている。

ちょっと厳しいことをいってしまうと、ぼくに寄り添おうとしてくれた人たちは、自分の不安を解消するためにぼくを寄り添わせていたのだ。ぼくに寄り添っていたわけではない。

「寄り添う」というのは相手の感情に付き合うことだ。相手の怒りや悲しみ、よろこびやたのしさなどの感情に付き合うことだ。がん患者になって気づいたことでもあるし、子育てをしていて気づいたことでもある。

「なんで僕に聞くんだろう。」のウェブ連載が終わってから一年以上が経つけど、いまでもたまに人生相談のメッセージが届く。相談内容に目は通すけど回答はしないと心に決めている。

以前、ある女性から届いた相談メッセージに回答したことがある。相手の方は返信がきたことに驚いていた様子だったけど、とてもよろこんでいて感謝をされた。「いいことをした」。ぼくはそうおもった。

ところがその後「でも、こうなんです」と相談の続きをされる。それに返答をすると「だって、こうなんです」と返される。ありがちな「でもでも、だって」という状態になってしまった。

男性は問題を解決しようとして、女性は問題を共感しようとするということをよく耳にする。この女性は問題の解決を求めておらず、共感をしてほしいのだ。感情に付き合って一緒に悩んでほしいのだろう。自ら解決を拒んでいるようにすらおもえた。

寄り添ってほしい気持ちはもちろん理解できる。だけどあきらかに解決できる問題を解決せず、感情をコピーエーンドペーストされることはとても消耗する。見ず知らずの人にそこまで付き合えないというのも本音だ。「寄り添う」ということは頭でわかっていても、実行することはなかなかに難しい。

ぼくが返信をしなくなると、何通もメッセージが送られてきて返信を求められる。それでも返信をしないと、相手の感情は怒りへとだんだんと変化する。最初は返信をしただけで感謝されたのが、最後は返信をしないことで激しい怒りを買ってしまった。

この一件があってから、ぼくはもう相談のメッセージが直接届いても返信をしないと決めている。メッセージを読んで心の中で応援だけしている。ウェブ連載は自分と相談者の間に適度な距離があったので可能だったのだろう。

「寄り添う」ことを頭でわかっていても、いざその状況になると精神的なコストと相手との関係性が反映されてしまう。イエス・キリストか、仕事として業務について対価がないかぎり、誰にでも永遠に寄り添えるわけじゃない。

これまでに回答してきた相談も、もしも直接会って相談されていたらまったく違う答えになっているかもしれないし、そもそも精神がすり減って聞いていられないのかもしれない。連載が終わってから一年以上経ったいまではなんとなくそうおもう。

2023年　1月　幡野広志

だいたい人間関係で悩まされる　#なんで僕に聞くんだろう。　目次

JAPAN AIRLINES
JAPAN AIRLINES

受皿ごと
お取り下さい
Take me

LIFE STORE
TOKYU

呪いの言葉に毒される前に、呪いの仕組みを知っておいてください

Q

宗教と家族についての悩みです。幡野さんはどうお考えになるか、知りたくて、投稿させていただきました。筆力がなく、心の絡《から》まりをご説明するのに前置きが長くなってしまい、すみません。

私の母は、私が生まれる前から宗教に入っています。

父は全く宗教を信じてはいませんでしたが、母と家族でいるために渋々入っていました。

ふたりは傷つけあって、結局父は亡くなりました。

息を吸うように宗教を教えられて、私はずっと母の味方でした。父と仲良く話せば、母に、あんたは父の味方なのかとなじられました。幼い頃はそれが怖く、大きくなってからは、アルコール漬けで目をぎらぎらさせながら私が一番傷つくことを選んで言う父親が怖く、ほとんど父とは話しませんでした。

父が死んでから、母は、父が死んだのは自分のせいではないかという考えにとらわれ、毎日私に、「私のせいだろうか、そうじゃないよね？」と聞くようになりま

した。その頃未成年だった私は、母の心が壊れるのが怖く、違うよ、悪いのは父の方だった、と、毎日母に言い聞かせました。

するとある日、母は少し明るい顔で、宗教の方で相性を見てもらったら、父は母を破壊し、私が父を破壊するという相性だったと報告してきました。「あんたが私を守ってくれたんだね、腑《ふ》に落ちて、心が軽くなった」、と言いました。ああ、この人は罪の意識から逃れるために、私が父を殺したと思いたいのだろうか、私が毎日かけた言葉には、何の意味もなかったんだ、と冷静に思う一方で、自分の父への態度を思い返すと、母が言う、その相性というのもあながち間違ってはいないのではないかとも思い、怖くなりました。私は自分を守りたい一心で、父のことは何も考えず、母の味方になったので。

そんな毎日で、このまま母といると、自分の人生を生きられない、ずっと依存されて、無自覚に傷つけられて生きていくなんて嫌だと本気で思い、家を出ました。離れることで徐々に自由を勝ち取りながら、母の好きだったところを思い出すこともありました。

けれど今、また選択をしなくてはならないなと思っています。結婚を考えるような恋人ができました。派手なところはないけれど、日常のちいさな嬉《うれ》しさを共有できるような人です。

けれど母に話すと、その恋人と私の相性は、父と私の相性と全く同じで、私が恋人を破壊してしまうから決して結婚してはいけないと言われました。

ばかばかしい、また私を支配するつもりかと思う一方で、やはり、幼いころから教え込まれた宗教の威力や、徐々に暗い目付きの、酒を飲む塊《かたまり》みたいになっていった父を思いだし、もしかすると本当に恋人とはこれ以上深い関係になるべきではないのではと思ってしまう自分もいます。

離れたい一方で、教え込まれた宗教から離れれば、なにか良くないことが起こるのではないか、なんて、本気で思っている部分がまだ私の中にあります。

冷静に物事を考えようとする自分と、幼いころから植え付けられた宗教が元になった論理的には説明できない怖《おそ》れに左右される自分がいて、身動きがとれなくなってしまいました。
（サブレ）

A

しあわせになれますよ!! とか、救われますよ!! ってのが宗教のキャッチコピーみたいなもんだから、宗教で不幸になって苦しめられていたら本末転倒《ほんまつてんとう》だよね。ぼくは信仰している特定の宗教ってないんですよ、でも無宗教かといえばそうではなくて、ゆるふわ仏教徒なんですよ。

死んだらきっとお寺で葬儀をして、お坊さんがお経を唱えてるときに、参列者は前の人の所作《しょさ》を真似《まね》してお焼香《しょうこう》をするとおもうんですよね。お焼香ってトップバッターがいちばん緊張するよね。

結婚式では牧師なのか神父なのかも不明な、たぶん真相は英語講師の副業アルバイトにアーメンって誓っているぐらいだから、本当にただのゆるふわ仏教徒なの。意識低めな仏教徒だから、自分の宗派を知らないし、宗派の違いもわからないし、意識低め仏教徒葬儀パックとかあると助かるんだよなぁ。

ゆいいつの希望は、二人一組で熱々の骨を箸《はし》で拾って壺に入れる、参加者がいちばん緊張するアレを、トングに替えてほしいんだよね。トングってコンビニで肉まんをつかむやつね。できれば先端がシリコン製のなるべく短いトングにして、滑らないようにしてほしいんだよね。色は白と黒の葬式トーンでいいから。

あの世への「橋わたし」を「箸わたし」ってかけているのだとおもうけど、そこはダジャレじゃなくていいし、ダジャレにしてはみんな緊張しまくりだよね。力を抜いてゆるくふわっと骨をつかんでほしい。

悲しみにくれる妻と、まだ箸が苦手であろう息子が緊張しながら、ぼくの骨を長めの菜箸でつかむなんて、こっちが緊張しちゃってあの世から見てられないよ。なぜかノド仏だけさらされちゃうし、アレって誰得なの？　元狩猟《しゅりょう》者として注目してほしい骨は両顎のハマり方と背骨のカーブですよ、どんだけ芸術的なんだ。

そんな意識低めな仏教徒だけど、どんな宗教であれ、信じている人がいるものを否定するつもりはまったくないんですよ。必要な人がいるのに、自分が不要だからといって排除するのは間違いだとおもってるからです。自分が不要なものを排除したり、倒産や廃業に無関心でいると、世界はどんどん狭いものになっていきますよね。

自分にとって不要なものが世の中にたくさん溢《あふ》れているから、知らない世界と可能性が広がって、それに救われる人がたくさんいて、人の心も経済も豊かになっていくのだとおもいます。ぼくはアイドルのコンサートに行かないし、アイドルが解散しても困らないけど、だからといって不要だとはおもわないもん。

そしてもう一つなるべく否定したくないのが人の死に方です。あなたのいいまわしから想像する亡くなり方（明記しませんが）をしているのであれば、ぼくはあなたのお父さんの死自体を否定したくありません。

でも、あなたの立場と、相性なるものをみてくれた宗教の人の立場を考えれば、「お父さんが悪かった、あなたは悪くない」といってしまう気持ちはとても理解できます。そもそもお母さんが亡くなっていた可能性だってあったし、アルコール漬けで子どもがいちばん傷つくことを選んでいうお父さんってけっこうな酒粕《さけかす》です。

宗教の人は、あなたは夫から苦しめられていて、お子さんに救われたんですよ、というお母さんとあなたの両方を救うようなニュアンスで話したのだとおもうんです。あなたがお父さんを殺したという意味ではないとおもうんです。というかそうじゃなかったらアホでしょう、向いてないよ宗教。

これはお母さんの解釈と、それを聞いたあなたの解釈に相違があるとおもうんです。

あなたは自分でどうおもってるかわからないけど、夫婦間の紛争を有利に進めるために恐怖心を利用して子どもを味方につけるお母さんと、アルコールで攻撃してくる酒粕お父さんとの間で、板挟みのような状況でしたよね。本当は逃げたかったけど自分が逃げたら家族が崩壊するっておもっていたんじゃない？

子どもがいるのに夫婦どっちかが死ぬまで長期間ずーっと紛争しているなんて最悪だよ。いちばんの被害者は子どもであって、それを紛争している親は気づかなくて、紛争の傷すらも子どもに癒《いや》してもらおうとしたり、ストレスをぶつけて発散したり、少年兵のように攻撃に加担《かたん》させたりするんだよね。

よくおもうことなんだけど、毒親って子どものコントロールがめちゃくちゃ上手《うま》いんだよね。ポイズン大学の毒親学科で勉強したのか？　ってぐらい上手いし、手法もよく似てる。これって親になった人間が危機や不安を感じたときに、自分の身を守るための生存本能の一部なのかなぁ。

あなたが子どものときに望んでいて、あなたに必要だったのは、子どもが子どもでいることを許される家庭環境ですよ。お母さんから離れることができて本当によかったね。離れるって大切なことで、離れることで余裕ができて視野も広がってお母さんの好きなところも見えるでしょ。だからね、ずっと離れてなね。

もしもぼくがあなたのお母さんからこの相談を受けて、娘の結婚を止めたいなんてことまで書いてあったら、ぼくはみんなを救う宗教者でも、病んだ人を救う医療者でもなく、命を奪う技術を持った元狩猟者ですから、「お母さんが原因でお父さんが亡くなり、さらに子どもの人生をいま破壊しようとしている」とはっきりいってしまうでしょうね。

大蛇に襲われる子どもを助けるときに、大蛇を殺すのが最適解だとおもっちゃうんです。そもそも宗教の人がやっているという「相性」ってものなんだけど、これって神さまのお告げで相性を明示しているわけでも、何かがみえているわけでもなくて、お母さんの話を聞いて、なんて答えればお母さんの心を救えるかを考えて答えているだけだよ。

これは人生相談と似ている側面があって、相手と会話をして相手がなにを望んでいるかを考えて、それを答えるなんて、人生相談と宗教の初歩なんですよ。結婚式っぽくいうとファーストステップです。


「恋人と私の相性は、父と私の相性と全く同じで、私が恋人を破壊してしまうから決して結婚してはいけないと言われました」ってあるけど、これはあなたのしあわせを考えてじゃなくて、お母さんの望んでいることをいってるだけですよ。神さまがいってるわけじゃないし、そもそも本当に宗教家の方がいったのかどうかも疑わしい。

ただこれ真偽《しんぎ》はどうでもよくて、けっこうな呪《のろ》いです。いまは恋人との関係が良好だからバカバカしくもおもえるけど、実際にトラブルが起きたときに、真っ先にこの呪いが頭に浮かぶとおもうよ。そしてほれみたことかってお母さんが水を得た魚状態になるからね。これもきっとポイズン大学で学んだことなんだとおもうけど。

あなたはどんどん弱って、お母さんはどんどん強くなる、とても有効的でコスパのいい呪いなの。そして結婚すれば、短期間のケンカやトラブルなんかが絶対に起きるんだわ。いつか起こりうることを予言して、相手の行動に制限をかけるってバカバカしいけど、やられた側は効果てきめんなんだよね。

防御するのは難しいけど、せめてこの呪いの仕組みを知っていてください。呪いのコツって、不安に陥《おとしい》れることなんですよ。失敗を予測して不安にさせて、実際に子どもが失敗したときに責め立てる親ってめちゃくちゃ多いんだわ。

防御は難しいけど、反撃は簡単です。もしもお母さんの攻撃に本当に困って悩んだら、自殺という言葉を出してみてください。攻撃が強い人ってあんがい防御は弱いの。あなたのお母さんの場合はそれでまず止まります。

あなたもこれまでの経験から、彼と夫婦になることが不安なんでしょう。相手を不幸にしてしまうとか考えてしまって、不安から逃げたいんでしょう。本当は結婚をしたいのに、はじまってもいないうちから不安を感じて逃げていたら人生の損なんです。結婚したら逃げられないってことはなくて、離婚して別れればいいだけです。あなたの親の人生を、これからあなたが繰り返すわけじゃないよ。

ぼくは本業が写真家なので、写真を見ると撮影者の人柄や性格みたいなものってなんとなくわかるんですよ。これは特殊な能力でもなんでもなくて、きっと書家の方が字を見れば人がわかるってのと似たようなことなんだとおもいます。

写真や字だとわかりにくいけど、異性に対する言動や、車の運転や、お金やお酒との付き合い方でも、人柄ってあらわれますよね。これはなんとなくわかるじゃないですか。

どんなものにも、人柄ってあらわれるんですよね。読んでる本とかみている映画とか、スマホにインストールしてるアプリとか、きっとバッグのなかや机の上の状態にも人柄ってあらわれるし、わかるとおもうんです。

宗教を信仰しているお母さんや、幼いころから宗教を教え込まれたあなたが、宗教的な視点で彼を評価するのは、彼がおなじ宗教を信仰してある程度の価値観を共有しないかぎり無意味ですよ。だって価値観が全然違うんだから。だからといって無理に入信させちゃダメだよ！

彼への評価は、あなたと共有できる価値観で判断したほうがいいですよ。つまりそれってあなたが感じる日常のちいさな嬉しさの共有であって、その積み重ねで結婚を考えるような恋人になったわけですよね。

宗教じゃなくて自分の目を信じて、逃げたければ離婚すればいいのよ。

現実の人間に「超越した人間性」を求めない

Q

こんにちは。

「なんで僕に聞くんだろう。」というコーナー名に惹《ひ》かれて悩みを書き込むことにしました。

恋愛の話です。

社会人数年目になり、人生で初めて恋人が出来ました。

出会いはゲームのオフ会だったのでお互いに趣味なども合致していて、通話をしていて苦にならない人間性の人だったので私から押しまくって付き合ってくれることになりました。

ただ、初めてのお付き合いで遠距離なのでいまいち恋人として何をしたらいいのかどんな感じに対応すればいいのかが分かりません。

漫画を読んでもアニメを見てもネットで検索しても、第一に出てくるのは「遠距離恋愛は避けましょう」でした。無理です。

一応、遠距離恋愛をし続けるのは私が嫌だなと思っているのと自分のキャリアアップのために、恋人と気軽に会えるくらいの距離の職場にいずれ転職しようと思っています。

恋人はというと、今までに何回か他の人と付き合ったことがあるらしいのですが相手が全員遠距離だったそうです。ちなみに私が今までで1番遠い距離らしいです。なので割と安定して日常を送っています。

私は今まで自分はかなり精神的に同年代よりも落ち着きがあって感情を表に出さない理性的な人間に近いと思っていたのですが、この会いたいけど会えないという点に関して、ものすごくストレスを抱えているということに気付きました。仕事もあるし盆正月も普通に出勤しなきゃいけないので、休みの日がほとんど被《かぶ》りません。会えません。

近くにいるけどお互いに仕事や体調の都合がつかないから仕方がないね、と選択して会わない分にはいいのです。ただ、交通費や移動距離や移動時間のことを考えるとそもそも「1年間に何回でも会える」という選択肢を潰《つぶ》されている事が気に食わないのです。

たまにTwitterで発狂しているのを見かねてか「自分がそっちに遊びに行けるように仕事頑張るから」と慰めてくれるのですが、そういう恋人への不満ではありません。私も恋人もそもそも「気軽に会う」という選択肢がないのです。その点にものすごくストレスを感じてしまい、たまにコンクリートの壁を殴ったり（※痛いので推奨しません）、暴言を吐いたり（※1人でいる時のみにしてます）、幻覚を見たりしてストレス発散しています。

遠距離恋愛とはこのようなものなのでしょうか？

恋人の安定感を見ていると何かが違う気がしてたまりません。

もっとこのような俗物的な感情をなくして、私が恋人の隣の立場に立っても負担にならないような超越した人間性を持って人生を過ごせるようになりたいです。

（プリズム　27歳　女性）

A

「別れるのが寂しいし、もう会えないと思うからときめくの。それを愛と勘違いしてる」。これは最近、ぼくがどハマりしている韓国ドラマ『愛の不時着』のセリフです。

恋愛ドラマってあまり興味はないのですが、このドラマは北朝鮮の生活がユーモアと人情と恐ろしさを交えて描写されていて、すごくおもしろいです。そして恋愛に関するものだけでなく、セリフの一つ一つにドキッとさせられます。

セリフでは「愛と勘違いしてる」といっていますが、ときめきは愛ではないかもしれないけど、それが愛になるか憎悪になるか失恋になるか、未来なんてわかりません。

愛が恋愛のゴールなのだとしたら、ときめきはスタートであって、どういうルートを進むかでいかようにも変わるとおもうんです。ときめきを愛と勘違いしていたらダメかもしれないけど、誰かにときめくってとても素敵なことだし、ときめかないと恋愛がはじまらないですよね。

先にいっておきますけど、ぼくに恋愛相談をするのってあんまりいい手段だとはおもわないんですよ。ぼくは恋愛に長《た》けているわけじゃないので、あまり参考にならないとおもいます。

ぼくに写真の相談をするのはいいとおもうんです、だって写真家ですから。ぼくに美味《おい》しい食べものの相談をするのもいいとおもうんです、だって美味しいものを食べてデブになったわけですから。ぼくがいまときめいているのは燻製《くんせい》した柿の種ですよ、だから恋愛の話はカロリーゼロぐらいで聞いてください。

なるべく若いうちに経験して済ませておいたほうがいいことってあるとおもうんです。たとえばギャンブルやキャバクラ、ホスト遊び、風俗などです。もちろん経験したいのであればの話です。

おじさんやおばさんが、家庭もある大人になってからギャンブルやキャバクラやホストや風俗にハマってしまうと、ちょっと大変ですよね。営業スマイルにときめいて、愛を不時着させようとして墜落《ついらく》するし。

興味があってやりたいのであれば、若いうちに経験したほうが傷も浅く回復も早いし、勘違いをしない免疫がつくような気がするんですよね。そしてギャンブルやら風俗やらよりも、なるべく若いうちに経験を済ませて、免疫をつけたほうがいいのが中二病です。

中二病は、その名のとおり、中学2年生ぐらいの思春期に多くの男子が発症します、主な症状は空想です。女子の症状はわかりません。中二病の後遺症は、黒歴史の恥ずかしさから、罹患《りかん》したことを隠すことです。そしてあなたは27歳だけど、いま中二病を発症しているのかもしれません。

「たまにコンクリートの壁を殴ったり（※痛いので推奨しません）、暴言を吐いたり（※1人でいる時のみにしてます）、幻覚を見たりしてストレス発散しています」って書いてあるけど、これほんと？　というかジョークのつもりかもしれないけど。だとしたら、ジョークセンスが中二病をあらわしています。

コンクリートの壁を殴るなんて、空手でも習ってないと、大怪我をします。そもそも習っているならコンクリートの壁を殴るなんてバカなことはしません。それは空手バカです。幻覚をみてストレス発散っていうのも、中二病にあらわれる空想です。そして括弧《かっこ》と括弧内の言葉の使い方がもうバッチリすぎるほど中二病です。

いま、恥ずかしいとおもいましたか？　逃げたくなるほど恥ずかしいとおもったならば、やはり中二病でしょう。それでいいんです。もしも本当に痛みに耐えてコンクリートを殴って、一人で暴言をはいて、幻覚をみてストレスを発散しているのであれば病院に行きましょう。

中二病なら病院に行かなくて大丈夫です、幡野恋愛インチキクリニックで充分です。ここは大きなわかれ目です。ここからは、あなたが中二病であるとぼくは考えて回答を続けます。

中二病はイメージが悪いだけで、生活に支障がないかぎりべつに悪いことではありません。いま青春が来たんですよ、いいことじゃないですか。それにはじめての恋愛なんて誰だって苦い思い出があります。

完璧な人なんていないじゃないですか、そうやってみんな成長するんです。誰もあなたのことをバカになんてできないですよ。もしもあなたのことをバカにする人がいたら、自分の中二病時代の黒歴史のページをめくってみてほしいよね。

でも、中学生や高校生ぐらいのときの傷は治癒すれば人生の教訓になりますが、おなじことを27歳のいまからやるとちょっと大変です。深い傷になって回復が遅く、誰かに相談をすればバカにされるかもしれないし、そのせいで孤独を感じてあなたの人生に不利益や支障が生じるかもしれなくて心配です。

「近くにいるけどお互いに仕事や体調の都合がつかないから仕方がないね、と選択して会わない分にはいいのです」「『1年間に何回でも会える』という選択肢を潰されている事が気に食わないのです」

もっともらしいことをいってるけど、あなたが気軽に彼氏さんと会える距離に引っ越した場合、あなたは「近くにいるのに会えないことが気に食わない」といって怒ります。不満というのは状況が変わっても根本が解決されない限り、言葉をかえて不満がでるだけです、ここはカロリーオンです。

「たまにTwitterで発狂しているのを見かねてか『自分がそっちに遊びに行けるように仕事頑張るから』と慰めてくれるのですが、そういう恋人への不満ではありません」とありますが、あなたが彼氏さんに不満がなくても、彼氏さんはあなたにすでに不満がきっとあります、これはっきりいって負担です。これも中二病的な表現だとおもうけど、Twitter

で発狂しているような人に会いたくないですよ。だってバイバイしたらまた発狂するじゃん。

遠距離恋愛をみんなが避けるべきではなく、遠距離恋愛のスタイルが合わない人が避けるべきなだけです。遠距離恋愛が合う恋人たちだっています。あなたは彼氏さんに会いたい一心だから自分の感情を優先させているけど、それだと近距離恋愛だって厳しいです。

そして、どうして彼氏さんの恋愛遍歴を知っているんですか？　はじめての恋愛経験、しかも遠距離恋愛。理性的な男性であれば、わざわざ元恋人の話なんて不安にさせるだけだからしません。彼氏さんが勝手にペラペラと喋《しゃべ》ったのであれば、けっこうなデリカシーゼロな男性ですよ、付き合う前だったとしてもね。

あなたが過去の恋人の話を聞き出したのだとしたら、これはやっぱり負担です。嫉妬《しっと》される要因を作るだけだし、喧嘩《けんか》をしたときの引き合いに出されるかもしれないし、やっぱり悩みの種や不安の種になりますよね。あなたが聞き出したのであれば、やはりデリカシーゼロですよ。

そして何回か付き合ったことがある、とありますけど、きっと3、4人って答えているでしょ。だいたい付き合った恋人の人数は3、4人って答えるのよ。ドン引きもされないうえに、適度に恋愛経験があることを示すことができる魔法の数字だから。

元恋人の話なんてどちらかがマウントをとるためには有効かもしれないけど、お互いのためには百害あって一利なしだし、なんとでもいえるから情報の信頼性すらもないの。

恋人に対して過去の恋人のことをなんとしても聞き出そうとする人も、ペラペラ喋る人も自分のことしかみえてないよね。

引っ越しは慎重になるべきです、ぼくはあまりおすすめしません。でも引っ越しをするんだったら、彼氏さんのことは考えずにキャリアアップ一本で挑んだほうがいいです。給料のアップや労働環境のアップを第一優先で考えましょう。これが現状よりも悪化して、「彼氏と会えるから〜」なんておもって妥協《だきょう》したら最悪です。

いまは物理的な距離があるから関係を保ててるけど、近距離だと、はっきりいって彼氏さんの負担が大きくなってフラれる可能性もあります。だから引っ越すなら彼氏さんにフラれても大丈夫な環境の場所に引っ越しましょう。つまり仕事と次の恋愛に有利な場所です。

そして、あなたは会いたい一心だけど、いちばんいいのは、彼氏さんがあなたに会いたいとおもうようにすることです。

そのためにはまずは、中二病からの脱却です。でも大丈夫、誰しもが経験があることで、そのうち自然と落ち着きます。あなたに具体的なアドバイスをするのならば、アニメや漫画のいいまわしや言葉使いを、現実社会で話すのも、文体として使うのも、なるべく避けましょう。

あなたも自分が彼の負担になってる自覚が薄々あるのでしょうが、超越した人間性（これも中二病ワードだよ）を自分にも彼氏さんにも求めなくていいです。あなたが超越することが重要なんじゃなくて、相手と歩調を揃《そろ》えることが大切です。

恋愛は、自分の感情とおなじぐらい、相手の感情が大切です。だから相手の状況や感情を読みとったり、想像をするということが重要です。自分に都合のいい希望的観測ではないですよ、カロリーオンで客観的に。

カミングアウトが絶対に正しいわけじゃない

Q

幡野さん、はじめまして。

早速ですが、私はＦｔＭ（Female to Male）で、女性として生まれて、10年ほど前から戸籍・仕事もろもろ男性として生きています。

そして現在は女性のパートナーがいるのですが、彼女から結婚の提案をされました。しかし、私は彼女にＦｔＭであることも伝えていません。

もともと性的な接触が苦手であること、体の問題で一生セックスはできないことは付き合う前に伝えており、「それでもいいし、隠したいことは隠したままでいいから一緒にいよう」といってくれています。しかし、そこまで信頼してくれているパートナーに、なにも言わないことは不誠実だと考えています。

本来なら付き合う前にいうほうがいいのでしょうが、彼女は会社の部下のひとりであり、私自身取材や登壇で表に立つこともあるため、狭い業界内に私がＦｔＭであることが広がったらもう生きていけないのではと考えてしまい、いまに至ります。

この職に就《つ》く前は、うつとパニック障害で2年間引きこもり、その間にＡＤＨＤ

と診断されたりといろいろ詰め込みすぎて泥のように生きていました。いま、あの頃には戻りたくないという思いと、彼女を信じきれない自己中心的な考え方、罪悪感、ぼんやりとした諦《あきら》めなどがあります。

私はどうしたらいいのでしょうか。しかしこれは背中を押されたいというより、ボロボロにされたいのかもしれません。お手数をおかけし申し訳ありません。よろしければ、ご一考をお願いいたします。

（田町 35歳 男性〈トランス男性〉）

A

〝どっちの選択肢がいいですかね？〟系の相談って、正直なところ心の中ではぼくからすればそもそもぼくの人生じゃないから、極論をいえば心の底からどっちでもいいんですよ。

ぼくがこっち！ っていったらそれで流されてしまう人には、思考力の無さや、それでいて責任を負わせて失敗を人のせいにする性格も感じてしまうし。やりたいことを読み取って迷っている相手の背中を押せばいいだけだから、簡単なことでもあるんです。

人生相談でぼくに聞くよりも、優秀な占い師さんのほうが背中を押してくれる能力が高いし、ぼくはcakesから原稿料をいただいていて相談者さんは無料ですけど、占いだと相談者さんが有料でやってもらうものなので、ぼくよりも背中を押してくれるいい言葉が返ってくるような気がするんです。選択に迷っているなら、優秀な占い師さんとかのほうが適任だとおもうんです。

だからほんと、どっちでもいいのだけど、ううう－ん。これは……悩む。これはとても悩みますね。いままでにきたどっちがいいですか系相談でダントツで答えに窮《きゅう》しています。これは、どうしましょう。困ったなほんと。

話を聞いたこっちがこんだけ悩むぐらいですから、あなたはもっとそれ以上に悩んでるわけですよね。ぼくとあなたで二人しておなじベクトルで悩んでても仕方ないから、ぼくは気楽さと無責任さを武器に答えますけど、あくまで参考程度にして、決断はあなたがしてくださいね。

（1）隠したまま結婚する。（2）告知して結婚するか別れる。という選択があるわけですけど、不誠実さやいろんなものに目をつぶれば、（1）があなたにはいちばんメリットがあるとおもうんです。ただ墓場まで持っていきたい話ってだいたいいつかバレるんですよ。

あなたの体のことって、病気とか大きな事故にあって意識を失って救急車で搬送なんかされれば、かなり高い確率でバレるとおもうんです。隠し借金なんかも、病気や大きな事故とか、急な不幸みたいなものでバレるんですけど、バレるタイミングとしてはお互い最悪ですよね。ただでさえ大変なときに、しかも……という話です。

夫婦とはいえ知られたくない情報ってあるとおもうんです。隠し借金って典型例だとおもうんです。あなたの体のことを隠し借金と一緒にするつもりはさらさらないんだけど、隠し借金よりも大変なのは、彼女さんが自分が信頼されていなかったという事実にショックを受けることで、あなたに幻滅をするかもしれないんですよ。そういう点ではたぶん隠し借金のほうがマシです。

病気や事故にあうと患者さんがいちばん大変だけど、家族だって気が動転するので、あなたがいま悩んでいることに置き換えてみても、（1）を選択するに至った苦悩にはなかなか目が向きません。人は自分がつらいと感じたときに、自分のことしか考えられないし見れなくなるものです。

（1）の「隠したまま結婚する」という選択は目先の短期的なメリットはあるけど、中長期的に考えればいずれバレる可能性が高いし、バレたときが最悪です。それにあなたも彼女さんに対して真実を伝えないことで、ずっと罪悪感を抱いたり、ウソをついたり、バレないようにするストレスが発生します。これもきっとつらいでしょう。

そして彼女さんはたぶん親族や友人から「子どもは？」という攻撃にさらされるだろう

し、そこで一度もセックスしたことがないなんてポロッといえば親族や友人から「他に女がいて浮気してるんじゃないか？」という追撃にさらされるかもしれません。

彼女さんは将来的に子どもがほしいとおもうかもしれませんし、もしかしたらあなたに対してあらぬ疑いを持ったり疑心暗鬼に陥《おちい》ってしまうかもしれません。メリットとデメリットを天秤《てんびん》にかけたときに、（1）はおすすめしません。

（2）の「告知して結婚するか別れる」。やっぱりこれが理想的だとはおもうんですけど、これが嫌なのはすぐ先にかなりのハイリスクが待っていることなんですよね。きっと選択としては誠実で理想的なんだろうけど、ぼくがあなたの立場なら（2）はやっぱりちょっと選びにくい。ぼくなら（1）を選んでしまいたい……。だからあなたも悩んでるんですよね。

彼女さんと別れてしまうとか、周囲にあなたの隠したい事実がバレてしまうというハイリスクがあるわけですけど、たぶん多くの人が「隠さないで彼女を信頼して正直にいったほうがいいよ！」っていうとおもうんです。

でも、あなたはこれまでの人生経験で何度かそうやって失敗してきたり、恋愛関係や家族関係や友人関係などで、あなたの心情に沿ってすこし悪くいうと、裏切られてきたんじゃないですか？

あなたが結婚を悩むうえで、家族や過去の友人からバレるという心配が見えませんが、それはすでにそれらから距離を置いているからだとおもうんです。失敗や裏切られた過去の経験から、彼女のことも信じきることができずにいるんだろうし、彼女を失う不安はとても大きいですよね。

それでも（2）は、短期的なハイリスクがあるけど、中長期的にはハイリターンなメリットがあります。

告知をして、それでも彼女さんが結婚をしたいといってくれたなら、あなたがいままでにずっとずっとほしかったものをようやく手にできるとおもうんです。いちばん好きで大切な人に、自分が認められて受け入れられる安心感です。

事故や病気など最悪のタイミングでバレるというデメリットも防げるし、彼女さんも周囲の邪推《じゃすい》攻撃で疑心暗鬼になることはありません。（1）よりもメリットが大きく、それを享受できる期間も長くて、ストレスは双方にとって劇的に軽減します。

ただ、きっと彼女さんも悩んでしまうとはおもいます。親や友人に相談をしたときに結婚を反対される可能性があるので、そこはちょっと危険です。あなたと彼女さんの関係性だけでなく、周囲の声で彼女さんの判断が変わる可能性が、ハイリスクにしっかりと入っているんですよね。

しかも彼女さんとあなたの共通の友人、つまり同僚なんかに相談をしたら、この話が広まる可能性もあります。人の口に戸は立てられないっていうけど、口に対して戸がデカすぎるから当たり前だよね。カニの脚でも食わせりゃ人は自ら勝手に黙るのに。

きっと彼女さんは悩んでしまうとおもうのだけど、これまでにあなたが悩んできた経験をいかして、あなたの悩みをぶつけるのではなく、彼女さんの悩みに目を向けて、一緒に悩んであげるのがいいともおもうんです。

あなたみたいなLGBTとか、ぼくみたいな病人とかって、なぜかカミングアウトをすることが正しいみたいな空気になってますけど、あれ別に正しいわけじゃないとおもいますよ。

もちろんそれで誰かに勇気を与えるだとかの副産物があるかもしれないけど、ぼくにだって公表するに至った事情や、公表することのメリットとデメリットもあって、それなりに苦悩がありますがそこにはあまり目は向けられませんもん。

それでも、あなたの体のことが望まない形で知られてしまったとしても、生きていけないとまではぼくはおもいません。これはきっと大丈夫です。

ここ10年でLGBTのことは社会で急速に認知と理解が進み、あなたはすでに男性として活躍しているわけですから、むしろ社会的には応援してくれる人がたくさんいて、あなたのことを表立ってバカにしたり中傷したりしようものなら、その人が袋叩《ふくろだた》きにあうでしょう。

バレたことでバカにしてくる人がいるのならば、その人はすでにあなたにムカついている味方の顔をした潜在的な敵か、ただのバカです。最弱の敵なので、じつはあなたのほうが相手をオーバーキルできるぐらいの強さがあることを忘れずに。これはこれまで公表に至ったLGBTの方々のおかげにほかならないとおもいます。

あなたが憂慮《ゆうりょ》していることですが、彼女と別れたうえにまわりに知られるとしても、狭い業界とはいえ、きっとあなたを応援する人も味方になってくれる人も、結婚を前提に付き合いたいって女性も間違いなくいますよ。

これはちょっとドライな意見なんですけど、（2）はどちらに転んでもメリットがあります。もちろんあなたが望んでることとは違うのはわかってます。

「体の問題で一生セックスはできないことは付き合う前に伝えており、『それでもいいし、隠したいことは隠したままでいいから一緒にいよう』といってくれています」

ぼくは彼女さんのことを信じたいんです。ここまでクリアできているわけで、なにより彼女さんから結婚を提案されているわけですし、あなただって彼女さんのことを信じていないわけじゃなくて、過去の経験から、信じたいのに信じられないだけだとおもうんです。

この悩みって彼女さんもあなたもまったく悪くないじゃないですか。だからぼくはやっぱり（2）をおすすめしたいです。黙って別れるという（3）つ目の選択もあるかもしれないけど、これはあまりにも後悔を残すし、あなたが孤独になるだけです。

リスクもなければリターンもないくせに、しっかりとデメリットがあります。別れるつらさも後悔も孤独もあります。まわりに知られないというメリットがあるかもしれないけど、彼女さんにあまりに不誠実ですよね。

それにこれを選んじゃうと、たぶんあなたは自分のことが嫌いになっちゃいますよ。**他人から嫌われるよりもずっとつらいのが、自分で自分を嫌うこと**ですよ。


どの選択もこれは本当にとても悩む問題だとおもいます。ぼくは（2）がいいと頭では理解をしていても、あなたの立場になれば実際に行動にうつしたくなるのは（1）です。ぼくは気楽さと無責任さを武器に、自分の人生じゃないから答えられるけど、明らかに（2）のほうがあなたのしあわせが見えるんです（彼女さんのしあわせまではわからないけど）。（1）のほうだとあなたと彼女さんの不幸が見えちゃうんです。

そして無責任なことにぼくはあなたと彼女さんのしあわせを願っています。自分で決断をしてほしいけど、告知をするならば、彼女さんのことを愛していること、あなたも彼女さんと結婚したいことをしっかりと伝えてくださいね。

結婚するなら「オンリー1よりナンバー1」

Q

幡野さん、はじめまして。こんばんは。

ギャンブラーの彼と今後も一緒にいたいけれど、どうしたらいいのか悩んでおります。

3年前、31歳にして生まれて初めて4歳下の彼氏ができました。

3年間、別れたり、戻ったりを繰り返しながら、とても楽しい時間を過ごさせてもらっています。

彼はギャンブルで生計を立てています。

以前は歌舞伎町の雀荘《ジャンそう》で社員として働いていましたが、1年程前からはフリーで麻雀《マージャン》やポーカーをして生活しています。

実際にプレイしているところを見たことはないのですが、雀荘の社員時代は11年銀行員として働いていた私の1・5倍以上のお給料を稼《かせ》いでいたそうです。

今はポーカーを始めるにあたってできてしまった借金を返しつつ、普通に生活できるくらいのお金を毎月稼いでいます。

何年もひとつのことに打ち込み、極めるために勉強等努力し続ける姿を、私は心から尊敬していますし、太っていてわがままで仕事も辞めてしまった私にも、他人にも優しいところが素敵だと思っています。

ですが、彼は結婚はおろか人と一緒に住む気もありません。

初めは、結婚なんてしなくても一緒にいられるだけで十分だと思っていました。しかし、友人達や仲の良かったいとこに子供ができて周りから結婚や子供の話をされると、家族連れが目につくようになり、ひとりっ子の私は、このままじゃ将来一人ぼっちになるのか……私はみんながてきることが何ひとつできないのか……好きな人と一緒に暮らしたい……と考えて悩んでしまいます。

彼とのことを相談すると、友人や知人は、職業を聞いただけで「他にいい人いるよ」「そんなやつクズだ」と言い、母からは「結婚しないなら今のままでもいいけど、結婚がしたいなら結婚相談所に行くのがいい」と言われます。

太っているため、好きになった人からは美人の友人との間を取り持ってくれと相談され、合コンや飲み会では蔑《さげす》んだ冷たい目で見られ、いじられ役にされて何を言われても笑って場を盛り下げないよう心がけても、私を見てくれる若い男性は誰もいませんでした。なのに、他にいい人がいるなんて言われても信じることができません。

29歳の時に1年間加入した結婚相談所で、40歳の方から酷《ひど》い対応をされたので信用できません。

彼と一緒にいたいのなら、結婚や一緒に暮らしたいという夢は見ないほうがいいのでしょうか。

拙《つたな》い文章で申し訳ありません。

『ぼくが子どものころ、ほしかった親になる。』を読むたび優しい気持ちになります。いつも素敵なことばをありがとうございます。


（サクサクアーモンド 34歳 女性）

A

「他にいい人いるよ」ってこれは多くの人がおもうだろうなぁー。ただ、そのいい人と出会えるかどうかもわからないし、出会えてもその先に付き合えたり結婚できたりするかなんて、確率変動でも発生していないかぎりわからないですよね。確率変動が何かはギャンブラーの彼氏さんに聞いてね、モテ期みたいなものです。

恋愛経験が豊富な人は、彼氏さんのことをクズだとも他にいい人がいるともおもえるけど、31歳ではじめての彼氏ができたあなたにとって、そうはおもえないですよね。それに結婚相談所に行けば結婚できるというわけじゃなく、むしろ成婚率は高くないですよ。もちろんいい人を探そうとするから成婚率は低くなるのだろうけど。結婚相談所で婚活する女性は、容姿や年齢や相手に対する希望を引き合いにされて、バカにされたり批判されたりしがちですけど、あれって男性側もまったくおなじことなんですよね。

婚活経験のある女性は気づいているとおもうけど、女性と比べて男性側のことが可視化されてないだけで、男性側が土に埋まっていない地雷というケースもたくさんあるんです。結婚できないのは女性も男性もおなじことで、可視化されたら男性側もおなじようにバカにされるとおもう。更《さら》なる不毛な論争を呼びそうだから本当に無駄だけど。

ギャンブラーの彼氏さんとの結婚はどうですかね。もしかしたらギャンブラーの人ですら、反対するんじゃない？　ぼくは別に反対はしないけど、ギャンブラーだからという理由じゃなくはじめての彼氏だからこそ、男性の比較ができていないという点は不安ですよね。

ナンバー1とオンリー1って全然違っていて、J－POPではオンリー1がいいように歌われがちだけど、ぼくは結婚するならナンバー1のほうがいいとおもっています。DVする人だって、生活に支障をきたすほど何かの依存症に陥《おちい》ってしまう人だっているわけですから、オンリー1だからってそんな人と結婚しちゃうと大変ですよね。

ナンバー1じゃなくてもいいから、なるべく高い順位の人と結婚をしたほうがいいというのが現実でしょう。比較ができるってけっこう大切なことだとおもいます。

あなたはギャンブラーの彼氏さんがオンリー1だから彼しかみえないんですよ。でもタイムスリップしていろんな人と恋愛ができるわけじゃないからこれはもう仕方ないことですよね。

ぼくの経験上ですけど、いままでに出会った人の中でギャンブルにのめり込んでいる結婚向きないい人はいませんでした。嗜《たしな》むぐらいならいいとおもうんだけど、生活費をつぎ込んだり借金をしたりするまでになってしまうと厳しいですよね。

ギャンブルの種類も賭け方も幅が広いから一括《ひとくく》りにはできないし、エビデンスのエビデンスもない話だけど。ぼくが出会った人だけでいえば、なんとなくワガママな人が多かったですよ。よくいえば甘え上手だけど、悪くいえば図々《ずうずう》しいというか。ギャンブルでは数万円を1日で失うけど、奥さんや彼女への数万円のプレゼントとかは渋ったりね。

お金を得るのはどんな仕事でもいいとおもっているんです。ぼくはフリーランスという働き方で写真を撮ったり文章を書いたりしていますが、来月収入が0円ってことだって可能性としてはもちろんあるし、機材やパソコンや車なんか買えば一時的にローンを組んだりということだって全然あります。

ローンや借金をして購入した機材でお金を稼いで、来月収入が0円になる可能性があるから、会社員の人よりもたくさん稼がないといけないんです。会社員と違って安定収入がなくて、設備投資があるリスクのある生活なんだけど、会社員だって倒産やリストラのリスクはあるわけで、どちらがいいとかではなく自分にあった生活でそれぞれのリスクに備えればいいとおもうんです。

彼氏さんは雀荘で働いておそらくギャンブルでも稼いでいたとおもうんです。銀行員の1・5倍をあなたは高いっておもうかもしれないけど、正直なところフリーランスの視点からすれば全然稼げていません。そもそも銀行員だって、職種と勤続年数とどの銀行かで収入の幅が広すぎるしね。

ましてや、現在はポーカーで借金を作っていて、返済しつつ普通に生活できるぐらいの稼ぎ……というのは壊滅的に成り立っていません。

「ポーカーを始めるにあたってできてしまった借金を返しつつ」って賭博《とばく》大学ポーカー学科で勉強したようないい方してるけど、ようは負けただけですよね。負けたことを勉強代ってことにしてるんだろうけど、恋愛補正でよく捉えすぎだよ。元銀行員でしょ、そんな人が銀行でギャンブルの事業資金の借金の申請してきたら貸してあげる？

フリーランスでやってると、金利の低いところでの借金だってしにくいから、尚更お金を稼いで運転資金としてプールしないといけないんですよ。会社として法人にすればいいけど、あなたの彼氏が法人化なんて絶対できないでしょ。

そもそもポーカーや麻雀での賭博は違法ですからね。あなたの彼氏さんがやってるのは仕事じゃなくて、残念だけど逮捕される違法行為なの。そして税金だって納めてないでしょ。税金を納めてなくて普通に生活できるレベルの稼ぎというのは、税金を納めたら生活ができないレベルですよ。

検察庁の偉い人の違法賭博が問題になったことがあるけど、起訴するかしないかは検察が決めて、実刑なのか執行猶予《しっこうゆうよ》なのかの量刑は裁判官が決めることで、警察は逮捕と取り調べが仕事だから、あなたの彼氏がいかにあいつは無罪だったじゃないかー!! って叫んでも、警察官は「確かにねぇ、じゃあいいや」とはならず、確実に逮捕、勾留《こうりゅう》しますからね。そのときに家宅捜索されて変なものが出てこなきゃいいけど。

そしてあなたの周囲の人が警察に通報すれば捜査されるだろうし、違法行為で稼いだお金に課税されるのかわからないけど、税務署に通報されればそれも面倒ですよね。そういう弱みのネタをあなたはペラペラと周囲に漏らしていることにも気づいてね。しかもみんな否定的なんでしょ、あまりいいことじゃないとおもうよ。盛り上がる話だし彼氏のことを話したい気持ちはよくわかるけど、賭博のことは黙っていたほうがいいよ。

逮捕されるリスクがあるのに、きっと弁護士とも契約もしていないでしょ。そもそも契約できるかも怪しいけど、リスクに備えている感はあなたにも彼にもないし。それでいてギャンブルという特性で多くの資金が必要で、それを丸々失う可能性があるのに、資金に余裕がない状態なわけですよね。

あなたの彼氏さんは、趣味や嗜むぐらいのギャンブルの世界では一流なのかもしれないけど、違法賭博で生きるギャンブルの世界ではたぶん三級か二級ですよ。違法行為してリスクを冒《おか》して生きているなら、それと引き換えにもっともっと稼がないと。ちゃんと働きながら副業的にギャンブルすればいいのに。銀行員の1・5倍なら会社員としてはいいよね。

あなたも彼のリスクになる言動は慎《つつし》んだほうがいいよ。ただ、もしも逮捕されたらあなたの存在ってすごく大きいんですよ。逮捕された人間の社会復帰を支える家族や恋人の有無で量刑が変わってくるので、彼氏さんが逮捕されたらあなたのことめちゃくちゃ大切にしますよ。アクリル板ごしだけど。

ぼくがギャンブラーだったら、あなたと結婚するけどね。だってあなた名義で借金だってローンだって組めるし、賃貸物件だって借りられるし。あなたが働いてくれれば世帯収入として資金は増えるわけだし。逮捕されたときの身元引受人になるし、塀の外で自分のために動ける人になるし。ただでさえギャンブラーと付き合ったり結婚を考えてくれる人なんて少ないんだから、めちゃくちゃ大切にするけどね。

それがクズの発想だったりするんだけど、クズと結婚するってそういうことですよ。なんで彼は結婚や同棲《どうせい》にすら消極的なんだろ。同棲すれば支出も抑えられるのに。そういうところも含めてギャンブラーになりきれてないのか、はたまたあなたに隠していることがあるかもしれない。どちらにしてもオンリー1の視点で見ないで、元銀行員の視点で見たほうがいいかもね。

それにすべてを完璧に得ようというのは、やっぱり難しいよね。極端なことといえばイケメンで若くてスタイル良くて、高収入で高学歴みたいなハイスペ男子はドラマではよく見かけるけど、現実では嵐のメンバーくらいでしか見ないレベルです。

だからどんどん妥協は必要になってくるんだけど、その妥協の中には結婚のことだって子どものことだって含まれます。絶対に妥協できない部分があるなら別れればいいけど、自分のことを大事にしてくれる実感があなたにあるなら、まずはそれがいちばん大切なんじゃない？　彼氏さんと付き合うこと自体が悪いとはおもわないけど。

とても厳しい現実ですが、あなたの望みは自由なんだけど、そのすべてが得られるわけじゃありません。望みに優先順位をつけて、友達や親じゃなくて彼氏さんとしっかり話しあいましょう。

〝挑戦レスおじさん〟になるか、最強にいい人になるか、の分岐点

Q

人の評価を気にしてしまい、自分がどうしたいのかわかりません。

はじめまして。内村と申します。現在大学院1年生です。私は自分の行動を決定するとき、他人からの評価や世間映えを重視してしまいます。そもそも大学受験の際もネームバリューで選びましたし、大学院進学もこれといってやりたい研究があったわけではなく修士や博士号が欲しかったからです。就職先も誰に言っても恥ずかしくないところにしたいと思っています。このように自分で何かを成し遂げたいという気持ちが殆《ほとん》どありません。

特に悩んでいることは、自分は恋愛相手にもそういったネームバリューを求めてしまうところです。彼女が資格試験に落ち、第一志望の企業にも落ちたときも、「また失敗したのか」と内心で思ってしまいました。もちろん、そこだって安定したよい会社だと思いますが、いつかこの気持ちを噴出させてしまいそうです。

（内村優　25歳　男性）

A

はじめまして、幡野です。なにを大切にするかという価値観の問題だから、あなたが世間ばえやネームバリューに価値があるとおもうならいいんじゃないですか。価値を感じていて、それが手に入っていないよりもずっといいです。

写真業界だってネームバリューが存在しますよ。最高峰の日本大学藝術学部の写真学科を卒業するのと、カルチャースクールにシャッターが生えた程度の学校を中退するのでは雲泥《うんでい》の差です。ちなみにぼくは泥のほうです。ネームバリューみたいなものにはあまり魅力を感じないけど、それでも写真を勉強するなら雲のほうが断然いいとおもうもん。

どの学校を卒業したかで就職先も変わってくるし、就職先によってどんな規模でどれくらいの質の高さの仕事ができるか決まってくるので、成長の幅も変わってきます。ぼくは運よく雲のような大きな仕事をしている会社や、大きな仕事をしている写真家のところでアシスタントとして働くことができて、最先端の技術を勉強できたからほどよく成長できました。

若いうちってまだ自分になんの実績もないから、大学のネームバリューぐらいでしか勝負できないじゃないですか。年齢を重ねて仕事や私生活で実績や経験を積んで、大学のネームバリューという実績からどんどん更新されていくことで、学歴なんてどうでもよくなっていきます。

いま、大学のネームバリューや世間ばえ重視で就職先にこだわっているのは、あなたが他に何もない証です。あなたから大学名を外してしまったら何もない人なんだけど、若いうちなんてみんな何者でもない自分に悩んで、何者かになりたくて苦労をしたりするものだから、それが当たり前です。

だから、せっかく大学のネームバリューという武器があるなら、それを大切にしたほうがいいよ。安心感のためだけに永眠させる定期預金のように、使いもせず固守するのではなくて、有効期限のあるチケットのようにしてまたあたらしい武器を手に入れればいいよ。

そして、別に本当にやりたいことを仕事にしなきゃいけないわけじゃないからね。そりゃ七夕の短冊とか神社の絵馬とか、将来の夢を子どものころから書かされてきたとおもうけど、仕事なんてなんでもいいんですよ。

好きなことを仕事にして活躍できればそれは素敵なことなんだろうけど、なんとなく仕事して好きなことは趣味でする人生だってとても素敵だしね。

ただ、ネームバリューという価値観はあくまであなたの価値観であって、他の誰かの価値観ではないんだ。世の中には無数に価値観があって、無数にチケットが存在するしね。

実績や価値観をどんどん更新していくのが成長だとおもいます。若いうちって自分を天才だとおもったり、なんでもできてしまうって勘違いをしてしまうんだけど、その勘違いすらもチケットにしてどんどん挑戦をしたほうがいいとはおもうんです。

本当は天才はめったにいなくてほとんどが凡人で、なんでもできるわけじゃなくて失敗もたくさんするんです。でもそれは挑戦をしないと気づけないことだったりします。

ちいさな失敗も大きな失敗も、社会で生きていれば必ずやらかします。必ずやらかすのだから、早いうちにやらかしたほうがいいの。なぜなら若いうちの失敗のほうがちいさい失敗であることが多くて、浅い傷ですむことが多いからです。

もちろん本人にとっては大きな失敗なんだけど、若いころの失敗を振り返ってみるとどれもちいさなものであって、大したことじゃないものです。でも年齢を重ねるごとに、人生経験値が増えるごとにまた、あたらしい大きな失敗にも直面します。

でもそれもクリアして経験値になると、ちいさな失敗になるんだよね。ドラクエのレベルアップとおなじことだよ。大きな失敗に対処するのに必要なのが、ちいさな失敗の経験だとおもいます。失敗が人を成長させてくれるとおもっています。

若かろうがおじさんになろうが、人なんて知らないことのほうが多くて世間知らずなんだけど、人生は知らないことを知ることがたのしいものです。そうやって失敗をしたり知らないことを知ることが人生経験であって、すこしずつ成長して価値観の幅を広げていくんだとおもいます。

だから失敗との付き合い方がとても大切です、**いちばん大切なことは、人の失敗を否定しないということ**です。彼女が資格試験に落ちたこと、第一志望の企業に落ちたことを否定なんてしないほうがいいでしょう。

あなたがそれを失敗として否定するのならば、あなたはこの先、資格試験に落ちることは許されなくなるし、第一志望の企業に落ちることも許されなくなります。人の失敗を否定すると、自分の失敗も許せなくなります。

そうなると失敗が不安ですよね、立ち向かって必死になってがんばれるタイプならいいんだけど、失敗をしない最大の方法は挑戦をしないことです。ネットなんかでいっぱいいるじゃないですか、挑戦をして失敗した人を馬鹿にしたり笑ったりする挑戦レスおじさん。

勝ち続けているうちはまだいいのだけど、勝ったら勝ったでまた次の勝負に勝たなくてはいけなくて、失敗や負けを許さないで否定する生き方ってすんごい疲れるのよ。だからまずは自分が楽になるために、人の失敗を肯定するのがいちばんいいよ。

そして、あなたはけっこう強い人なのよ。いわゆる勝ち組や負け組みたいな見方をすれば勝ち組なんですよ。そんな強いあなたに必要なのが、失敗の肯定と失敗の経験です。

強い人が、失敗した人の気持ちを理解してフォローをしたり、失敗をカバーもできたら最強なの。最強にいい人じゃん。たくさんの人に頼りにされるし好かれるし、なによりもあなたが失敗したときにみんなが助けてくれるよ。

挑戦レスおじさんと最強にいい人、どっちがいいか選べるなら最強にいい人になりたいよね。人として雲泥の差じゃん。挑戦レスおじさんがうっかり失敗したときなんてボッコにされちゃうし、誰も助けてくれないからね。

「このように自分で何かを成し遂げたいという気持ちが殆どありません」。これが大きな問題だよね、これだとそもそも挑戦をする機会もないし。これが結局あなたの悩みの本質なんだとおもうんだけど、自分が何が好きなのかわからない、何をしたいのかわからないという悩みは大学生ぐらいの人にとても多いです。

そういう大学生に話を聞いてみると、だいたい子どものころから家庭や学校で自分が決めるべきことや、やるべきことを大人が決めてきて、自分が好きなことをすると否定されていたりするんだよね。これを子どものころからやられちゃうと、けっこう厳しいんだわ。

何かを成し遂げたいとおもったときに、挑戦をすればいいともおもうんだけど、そのとき失敗を恐れないために、いまから人の失敗の否定はしないようにがんばろう。

彼女に「また失敗したのか」っておもわず噴出しそうなほどなのは、あなたが子どものころに「また失敗したのか」って大人からいわれた経験があるんじゃない？　それがつらくて大人や社会の目や評価を気にして、文句をいわれない生き方をして、本当に自分がしたいことはわからないという状態なのでは。

自分の過去をよく見返してほしいの、たぶん挑戦レスおじさんかおばさんの毒牙《どくが》にやられてるよ。挑戦レスおじさんとおばさんの牙《きば》はとっくに抜け落ちてボロボロの歯だから若い人にしか襲い掛かれないけど、若い人にほど有効なんだ。子どもや若い人に嚙《か》みつく人って、ぼくもおじさんになって気づいたけど、あれって大人から相手にされていないヤバイ人だからね。

あなたはいま、最強にいい人になるか、毒牙で嚙みつく挑戦レスおじさんになるかの分岐点にいるんだけど、あなたは能力が高くて仕事もできるだろうから、毒牙もったらそれはそれでハンパないいんだわ。

あなたがこのまま失敗の肯定すらせず40歳ぐらいで役職についたら、部下を精神的に追い込んじゃう危険性すらあるよ。いまの彼女にもっている感情は、彼女のことを尊重しているからギリギリのところで噴出させずにすんでいるの。えらいよ、よくがんばってる。

でも、あなたよりも弱い人で、彼女よりも大切ではないどうでもいい存在に対してはどうだろう？　**人は、自分よりも弱い存在にどう接するかにいちばん人柄があらわれるよ。**

自分よりも弱い存在の価値観を否定して、自分の価値観の押し付けをしちゃうのがいちばん問題なんだ。

だからまずは、失敗を肯定して許すこと。そのためにあなたが子どもだったころに脳内で会いに行って、ちいさな失敗をしたことを全部いまのあなたが肯定してフォローしてあげて。挑戦レスおじさんから怒られた子どものころのあなたを、フォローしてあげて。

25歳のいま、自分に疑問を持てて本当に良かったよ、だから大丈夫だよ。最強にいい人になってね。

九段下

Q

不幸マウンティングを、社会の声と勘違いしないで

いつもご投稿拝見しております。

誰でもよかったのではなく、幡野さんなら「子供が嫌いな親はいない」とか「あなたが意固地なだけじゃないか、素直になったら」等、通り一遍《いっぺん》の言葉は寄こさないだろうという下心があってこれをお送りしています。「子供が嫌いな親はいない」等の言葉を使うなとお願いしているわけではなく、私に幡野さんの言動を縛る権利は何一つありません（申し上げるまでもないですが）。

他の方の質問と比べて、途方もなく長く、悪意のこもった質問になりました。もし読んでいただくとしたら、大変なご負担を強《し》いると思います。

父と母は学生時代の一時の勢いで安全では無いセックスを行い、幸せな家庭が築けると安易に信じて所謂《いわゆる》「できちゃった結婚」をし、当たり前に結婚生活が破綻して、私が残りました。

悩みというのは、「上記のことが、20も過ぎて社会人になりだした今になって怒りの種になっている事」です。

今まで何も考えずに生きてきたのですが、ここ数年で、父と母の行いが酷く馬鹿らしく思えて嫌になってきてしまいました。

父は離婚前からうつ病を患っており、母も幼児であった私と父の世話に耐えかねたらしく精神病を患ったそうです。幼いころに彼らは離婚し、私は父に引き取られました。祖父母と同居し不自由なく暮らしていましたが、中学生の時にちょっとしたことから引きこもりました。その頃は父のうつ病がアルコール依存も手伝ってひどい状態になっており、自身のうつと娘が引きこもりであることが抱えきれない父、簡単な漢字すら書けないほど頭の働かなくなった私、どうしようもできない祖父母で家庭は崩壊しました。

実家に戻っていた母が私を引き取ることは無く、父方の親戚に面倒を見てもらい、大学まで行かせてもらい自分のやりたいように人生が生きられていると思います。

暴力を振るわれたことはありません。現在でも金銭に不自由はしていません。親戚一同から「あなたのやりたいようにやったらいい」と勉強することを認めてもらい、恵まれた環境にいます。その裏に、「まともな家に生まれたかった」と父と母に怒鳴りつけて周囲の哀れを一身に集めて、自分たちは必死に頑張ったんですという顔をしている彼らを加害者にしてやりたい自分がいます。

うつ病になった父は、私を引き取り、おそらく持てる限りの力を尽くして私を育ててくれました。それでも私は同時に、理不尽なことで怒鳴り私の話を一切聞かずに泣き出して自分の部屋に引きこもる父の機嫌をうかがう子供になりました。

母とは時折会うことが出来、そのたびに「あなたを大切に思っている」と直接的な言葉は無くても伝えてくれました。大学に行き始めてから、盛んに父がどれだけ駄目か語り、父方の家が私を奪ったと言うようになりましたが、母は離婚の原因が、母自身が幼児とうつの夫の重責から逃れたい一心で、結婚詐欺師と逃げたことにあるとは一言も言いませんでした。

人間関係に0：10の過失は無いと私は考えます。

父と母の行いの裏には、それを嫌だと伝えなかった、馬鹿みたいにふるまって気にしていない風に場を取り繕《つくろ》った、面倒だと思って口に出さなかった私がいます。

それでも、傷つきながら子供を頑張って育てたぞと、子供を大切に思っているぞと言う彼らを見ると、お前らは私をどれだけ傷つけたか考えもしないのかと喚《わめ》く被害者面の私がいます。お前が気を遣う優しい子だと言った私は、怒鳴り声をあげて泣きわめくお前が恐ろしくて気を使っていたんだよ、お前達は「最低の人間だ」とお互いを非難するが、じゃあその最低の父と最低の母の間に生まれた私は何になるんだよ。私はお前たちが悲しんでいるときに気を使ったのに、お前たちは私が引きこもっても助けなかっただろう。責任もろくに取れない子供のくせに、自分のことしか考えられないくせに子供なんか作るなよ、一時の快楽に任せてセックスする無責任人間が混ざったのが私なのかよ。お前らは傷ついたと被害者ぶってるくせに、私を傷つけて再生産してることにすら気が付かないじゃないか、と思います。

幡野さんに言うべきことではなくて、父母をファミレスにでも呼び出して水ぶっかけてこれを言ってやればいいのですが、こざかしい私は実家からの援助がなくなったり、遺産の相続がなくなったら困るので言え（言い）ません。話し合いから逃げています。

大人としてのイニシエーションが出来ていないと漠然と感じます。

私は「守られるはずだった子供」という立場に縋《すが》り付いて、彼らと同じようにいつまでも被害者面がやめられません。私は最初から加害者でもあるのだと頭では分かっているはずです。人にはそれぞれの地獄があって、「まともな家庭」なんてものは隣の芝生にしか無いと分かっているはずです。

父にも母にも彼らの地獄があって苦しんでいます。

私は、私の地獄の責め苦は苦しいと誰にも言えない（言わない）ままここまで来てしまいました。それは私の過失です。

別に反出生主義ではありません。心の底からそう言えないだけで、生まれてラッキーと思うことはたくさんあります。

被害者意識を無くしたい、というよりも、父母との出来事に踏ん切りをつけたいのかもしれません（二人ともファミレスに呼び出して水ぶっかければ付くだろうと分かっているのですが）。

幡野さんと私は、この質問以外に関《かか》わりがありません。だから、真面目に考えてくれそうな第三者が、私の一方的な叫びを見てどう思われるのかが知りたかった。

本当に長くなりました。「何で幡野さんに言うんだろう」と私も思います。

誰かにこれを送ったという時点で私はかなり落ち着きました。ありがとうございます。

（子供女 成人済み 女性）

A

相談文を読んでぐったりとしました。自分が子どものころの親のことを思い出したり、親になった自分を見つめたり、自分の息子の将来のことをおもったり……。あなたの相談文を読んだ人の多くが、少なからずきっとおなじような感覚になっているとおもうんです。

毎週たくさんの相談が届くのですが、なんであなたの相談を取り上げたかというと、たくさんの人にあなたの悩みを読んでほしかったからです。そして考えてほしかったからです。

この連載の感想でよくあるのが、「自分とは無関係なのに、ドキッとする」というようなものです。自分にも当てはまることだったり、身に覚えがあることをぼくが指摘していたり、相談者さんが書いているからだとおもうんです。

ぐったりとしたまま答えもわからないまま書き出しているので、けっこう困っていますが、あなたの悩みはドキッとしてズブズブとぼくに刺さってます。それはぼくがあなたの親と近い立場だからです。

経緯も環境も違いますが、がんという病気になりそう長く生きられないわけですけど、自分の子どもが成長していくとともに、子どもが必要とする愛情を、ぼくは適切に与えることができないからです。

つまりあなたの悩みはぼくにとって、とても耳の痛いものです。お金を残すとか、暴力を振るわないというのは大事なことだとはおもうけど、それよりもいちばん子どもにとって大切なことって、愛情不足にさせないことだとおもうんです。

そして愛情というのがとても難しくて、子どもの求める愛情と親が与える愛情が一致するとは限らないんです。親の与える愛情ってお客さんが細かく注文しない、シェフの気まぐれコース料理みたいなもので、美味しい料理の提案のようなものです。

シェフはお客さんを尊重するので、お客さんの苦手なものやアレルギーを確認してくれるけど、親子関係だと遠慮がなくなり上下関係にもなるので、親が食べさせたい料理、つまり愛情を、無理やり口に詰め込むという構図になりがちです。

虐待をする親ってみんな、子どもへの愛を語るんですよ。毒親も一緒で、みんな愛を語ります。ぼくの親はとても立派な毒親だったのですが、それをぼくが指摘すれば本人は「え、なんで?」という感じでしょう。愛情を与えてぼくを育てたと信じているはずです。

ぼくの立派な毒親が作った料理は腐っていました。それを食べさせられていたから、飢え死にはしないかもしれないけど、美味しくないし吐き出したいよ。

「子供が嫌いな親はいない」というのはすこし浅い表面的な意見で、もうすこし踏み込む必要があります。「子どものことを愛しているけど、愛し方を間違えている可能性がある」ということだとぼくはおもっています。もちろん親である自分にもいい聞かせていることです。

ストーカーだっておなじですよね、相手が迷惑がってることに気づかないで、めちゃくちゃ間違って愛してるでしょ。毒親とストーカーってとても似ていて、彼らからすれば「え、なんで?」なんです。

そして、これも自分にいい聞かせていることなんですが、**親って自分の苦しさには敏感なんだけど、子どもの苦しさには鈍感**なんです。自分がつらくなったり、つらい経験があると、相手のつらさが見えなくなってしまうんです。視野が狭くなってしまうんです。

自分だけがつらいと勘違いしてしまい、ワザと子どもにつらさをぶつける親もいます。しつけという立派な料理の名を騙《かた》った、腐った料理です。ただの憂《う》さ晴らしだし、親から弱いものいじめをされているという、とてつもなく悲しい現実なんだよね。

自分のつらさを免罪符にして、間違えた愛情を正しいと勘違いして、立派な加害者なのに被害者の仮面をゼリー状の瞬間接着剤でぴっちりつけちゃうの。

被害者の仮面をつけた親同士で「わかるわかるー」って共感までしちゃうから、止まらなくなってしまう親もいるんでしょうね。だから子どもから指摘されたら「え、なんで?」ってなるんですよ。子育てでいちばん怖いのは、勘違いです。

親子関係に限らず、みんな自分の苦しさには敏感で、他人の苦しさには鈍感だとおもうんです。悩みごとだって自分の悩みはおおごとだけど、他人の悩みなんて他人事《ひとごと》でしょ。

すこし意地悪なことを書いちゃうんだけど、以前、中学受験のことについて答えたんだけど、そうすると似たような中学受験の悩みがドカッと届くんですよ。じつは毎回そうなの、恋愛相談に答えれば恋愛相談がドカッとくるし、将来のことの相談に答えればやっぱり将来の相談がドカッときます。

きっと今日も、あなたと似た悩みがドカッとたくさん届くとおもいます。

これをぼくは金太郎飴《あめ》現象って呼んでます。この連載は悩み相談ではあるけど、そもそも読み物でもあるので、2週連続で中学受験のことには答えられないんですよ。それにぼくからすると、おなじことに答えたばかりなので「あれれ、伝わってないかな」と無力感を味わう瞬間なんです。

金太郎飴になってしまうのは、みんな記事に触発されて自分の悩みを送っていることと、根底にあるのが、自分の悩みはおおごとだけど、他人の悩みなんて他人事ということだとおもうんです。

相談を送った人からすれば「私の話も聞いてください、私だけに言葉をかけてくださ い」という心理です。それは理解しているのだけど、やっぱり「自分の苦しさには敏感で、他人の苦しさには鈍感」なんです。

他人は自分よりも楽をしてる、自分はつらい。他人事の悩みに触発され、自分の経験と結びつけて、つい自分の話をガーッてはじめてしまう。そういう壊れたレディオみたいな人に捕まってしまうと、めちゃくちゃ不幸マウンティングされてしまうんですよ。

「あなたは親戚に恵まれたし、暴力もなかったしお金はあるでしょ!! 私のほうがつらい!!」といわれるのが容易に想像できます。これに飲み込まれないように注意してください。


つい最近もTwitterで、美大生が新型コロナウイルスの影響で大学だけが閉鎖されていることのつらさを訴えてバズっていました。小学校も会社も再開しているのに、大学だけが閉鎖されているという訴えです。そのツイートについていたリプライは、壊れたレディオのジャンク市場のようでした。

不幸マウンティングを社会の声と勘違いしないでね。それに親側の立場の人が、あなたの親も擁護《ようご》してしまうとおもうけど、それも気にしないでね。うつ病やアルコール依存症は、支援や治療が必要なことだし、病気の夫とちいさい子どもの育児は大変なことだけど、あなたを苦しめたことは許されるものではありません。あなたの悩みと苦しさは紛れもなく存在するものです。

あなたが被害者意識を持つのは当然です、だって被害者なんだから。被害者が加害者を許すかどうかは被害者次第です。周りがあれこれいうべきじゃありません。あなたの感情はあなただけのものです。

ぼくからあなたにかけられる言葉って、ほとんどないんです。あなたが安泰《あんたい》ということではなくて、ぼくはあなたの親と似たような立場なので、何をいってもあなたを傷つける可能性があります。もしも自分の子どもからあなたとおなじ悩みをぶつけられれば、ぼくは謝ることしかできません。

でもぼくから謝られても、いやいやそうじゃないってなるだけで、壊れたレディオがあなたの口を塞《ふさ》ぐようなものなんです。だから何もいえないというのがぼくの本音なんです。あなたは吐き出すようにこの相談文を書いたことで、すこしすっきりしたともおもうんです。この状態をキープできていればいいなっておもうし、だからぼくにできることって、あなたの話を聞くことだけなんですよ。悩み相談の連載やってて何いってんだって感じだし、あなたも期待をしたかもしれないけど本当にそうなの。

またつらくなるときがあるとおもうんです。そのときはまたどこかに吐き出せばいいのだけど、吐き出す場所や相手は必ず選んでほしいの。ぼくがぐったりとしたように、きっとぐったりする人がいます。壊れたレディオの、通り一遍の言葉がカウンターで返ってくる可能性もあります。

もしかしたらあなたの親にあなたの感情を、水と一緒にぶつけてしまうのがいちばんいいのかもしれません。ぼくもあなたとおなじ想像をよくします。水どころかグーかパーかチョキで殴ってやろうかなっておもうこともあります。

ぼくはいまのところ子どもには虐待もしていないし、毒親にもおそらくなっていません。でも、親には虐待をしてしまいそうだし、毒子にはなってしまったんでしょうね。

この感情を抑えるのは難しいと自覚しています、だから親に会うつもりはぼくはありません。親を守りたいのではなくて、自分が暴力をふるうような人に成り下がりたくないし、最後まで自分の親とは違うということを貫きたいからです。

だからあなたの気持ちはとても、すこし苦しくなるほど、とてもよくわかります。あなたとおなじ子どもとしての立場でも、子どもを育てる親としての立場でも、病気を抱えている立場としても、本当にあなたの悩みはズタズタに刺さります。

でもどうすればいいのか、何が正解かぼくにもわかりません。これは後遺症のようにずっとこれから何十年も、心につきまとうことだとおもいます。もしもまたつらくなって困ったら、またここの相談フォームに吐き出すように送ってください。

答えることはないかもしれないけど、しっかりと読みます。

Q 今日が人生最後の日とおもって必死になるより、明日ものんきに生きたい

幡野さんはじめまして、29歳男性です。1つだけ聞いていただきたいことがあります。

先月母が亡くなりました。その死因について、自分の中で落としどころが見つからないのです。

もともと母は気になることがあると悩んでしまう質《たち》で、最近のコロナ下では「自分がコロナにかかっているのではないか」という思い込みが強かったのです。亡くなる数日前に、私の姉（母の家の近くに住んでいる）が遊びに行って、母親の「自分がコロナかもしれない、体調が悪い」という悩みを「気のせいだから大丈夫だよ」と答え、それを私含めた他の兄弟で「いつもの心配性だね」とラインで話していました。（わたしは都市圏に住んでいて、実家への帰省は諦めていました）

その数日後、母親は風呂場で水に浮いていました。

今は葬儀などが終わりようやく整理がついたところです。

知らせを聞いたあとは、「あの時、しっかり話を聞いてあげればよかった。真剣

に捉えれば良かった」と兄弟間で後悔ばかりを口にしていました。

というのも、亡くなった原因が足を滑らせて溺れたのか、自死なのかがはっきりしないいままだからです。遺書がない、だけどその割には身辺整理がされている、などどちらにでも捉えられる材料ばかりで、考えればキリがないのです。もはや真相を知ることはできません。

どう自分の中で解釈して、腑《ふ》に落ちた状態で受け入れればいいのか呆然《ぼうぜん》としています。

重い話題で恐縮です。一助となる言葉を頂きたいです。

（みょ　29歳　男性）

A

家族で熊本旅行をしていて、昨日東京に帰ってきたんです。羽田に向かう機内のすこし離れた席に、小学校低学年ぐらいの男の子が一人で乗っていたんです。ぼくがリュックを棚に載せているとその少年に「すみません、この飛行機って東京に行きますか？」って聞かれたんです。

あぁそりゃ不安だよなっておもいながら「そうだよ、東京の羽田空港に行くよ」って答えたんです。そしたら続けて「この飛行機って海に落ちないですか？」って聞かれたんです。

可能性は0じゃないけど、自動車事故に比べれば航空機事故なんてほとんど起きないわけで、安心感を与えようとおもってリュックに入っていたマカダミアチョコレートとプリッツを渡しながら「大丈夫だよ」って笑いながら答えたんです。

その少年はCAさんにもおなじ質問をしていたり、飛行機が揺れたり、雲の中に入ったり、機内アナウンスが入ったり、なにかちょっとした変化があるとCAさんを呼んで質問をしていて、とにかくめちゃめちゃ不安な少年だったんです。

着陸する寸前はCAさんも離席できないのに、少年は大きな声で「すみませーん、すみませーん」ってCAさんを呼んでいたんです。きっとすごく不安だったんですよね。

CAさんの対応もぼくとほとんどおなじだったんですが、ぼくは笑いながら大丈夫だよって答えたことを、ちょっと失敗したなとおもったんです。笑いながら大丈夫だよ、ではなく、おじさんも怖いけど大丈夫だよとか、飛行機って怖いよねって少年の不安に共感してあげたほうがよかったなっておもいました。

そんなことを羽田に着いてから妻に話すと、妻の意見はまったく違っていました。妻がいうには、あの少年はおそらく状況の変化にうまく対応することが苦手な特性がある子だろうとのことでした。

具体性のない「大丈夫だよ」という言葉ではなく、これから揺れるよとか、雲の中に入って景色が見えなくなるよとか、着陸前には大きな音が鳴るとか、状況の変化を事前に伝えてあげないといけないって教えてくれたんです。下手をするとパニック状態になってしまうとも教えてくれました。

うちの妻は保育士なんですが、発達障害の疑いがあるけど診断がついていないグレーゾーンと呼ばれる特性のある子をみていたり、障がいのある子に付き添っている先生なんです。

人ってなにを経験しているか、なにを日常で見たり勉強しているか、その人それぞれの専門性で対応が違うものだなって感じました。

あなたのお母さんとは関係のない話なんですが、心配や不安の解消って難しいですよ。本人がなにに不安を感じているか、周囲の人がそれをどれくらい理解できるか、実際にどこまで対応できるか、という相性があります。

お母さんが亡くなってしまったことで、後悔や罪悪感があるのでしょうが、それはあくまで亡くなったという結果に対してであって、日常的に心配性だったのであれば、それをすべて受け止めることは困難ですよ。

しかも、同居しているわけでもない自分の親なわけですからね。毎回まじめにお母さんの不安を受け止めていたらあなたたち兄弟が疲れちゃいますよ。自分の身をあなたの立場に置き換えても、まじめに相手にはできないですよ。

ぼくだったらたぶん、ラインを無視しちゃうとおもう。それかせいぜい、「大丈夫だよ」のひとことを返信するか。

ぼくが会った少年だって、飛行機だけだから対応できるし、うちの妻だって職場だけだから対応できるんです。きっとCAさんだってそうです。でも少年のお母さんやお父さんはそれがずっとなわけですから、やっぱり疲れちゃうとおもうんです。

誰だって未来の結果が見えているのならば、そりゃ対応は変わるんでしょう。ぼくは今日これから電車で出かけて、妻と息子は車で出かけて別々に行動するのだけど、もしも交通事故で家族の誰かが亡くなるという未来が見えたら、出かけることはしないし、この原稿だって書いている場合じゃないとおもうんです。

万が一ということをいいだしたら、飛行機にも車にも乗ることはできないし、寿司だって食べられないですよ。万が一だけど飛行機は墜落する可能性あるし、寿司で食中毒になるかもしれないしね。

ゼロリスク思考で自分の行動を制限するならまだしも、相手の行動まで制限しようとするのは不可能だし、心配性ってちょっと困った人でもありますよ。だから、もうしょうがないじゃないですか。あなたの状況的に、お母さんの話を毎回真剣に聞くなんてかなり難しいですよ。ぼくだったらできません。

ぼくと飛行機の少年のような薄い関係だったり、専門職の人でもないかぎり、本当に難しいとおもうんです。いまのあなたは、後出しジャンケンを過去の自分にやって、負けた自分を責めているようなものですからね。

今日が人生最後の日だとおもって一生懸命生きろみたいな言葉がありますけど、そんな疲れる生き方はできません。本当にみんながそんなことをおもいこんだら、社会はパニック起こすだけだよね。

あたらしい感染症が流行《はや》っただけで、トイレットペーパーを買い占めたり、自粛《じしゆく》期間中に営業しているお店や他府県ナンバーの車に嫌がらせをしたり、ソーシャルディスタンスができているのにマスクをしていない人へ暴言を吐いたり、ぼくみたいに家族旅行をしてる人をみて怒る人もいるわけです。

社会って不安にめちゃくちゃ脆弱《ぜいじやく》なわけじゃないですか。本当に今日が人生最後の日だったら、パニック起こすどころか、北斗《ほくと》の拳《けん》みたいな世界になるだけだとおもうんです。

万が一だけどみんな今日が人生最後の日の可能性はあるのにパニックになっていないの

は、きっと明日も生きているという根拠のない自信があるからだとおもうんです。

いまこれを書いていたらちょうど妻と息子が出かけたのですが、気をつけてねって声をかけて送りました。心配だからって家に引き止めておくことなんてできないし、でもそれでもしも本当に不運な事故があっても、それはもうしょうがないですよね。

無事に帰ってきてまた会えるって根拠のない自信のほうが、よっぽど心にとっては健康的ですよ。だから防ぎようのないしょうがないことで、自分を責めていてもしょうがないですよ。

事故なのか自殺なのかというのは、真相はあるのでしょうけど、ぼくはあなたがどっちであるとおもいたいかでいいとおもうんです。人が亡くなると、その人と関係のあった人たちが故人を偲《しの》ぶわけですけど、あくまで個々の気持ちでいいとおもうんです。

だけど人って不思議なもので、故人の死を自分だけのものにしようとしてしまいたがるんですよね。故人の死を自分だけのものにした人って、自分以外の、故人の死を自分のものだけにする人に怒ったりするんです。

有名タレントが亡くなったときも似たようなことが起きて、なぜか故人を偲んでいる者同士で批判をしあったりするんです。これは宗教問題とおなじことですが、自分の偲び方はいいけど、他人の偲び方は許せないという人はいます。

あなたの後悔に拍車をかけるような言葉をかけたりする人もいるのかもしれないけど、そういう人はインテリジェンスのイの字もなくて、アホの二文字はしっかりあるような人だよ。

「ぼくが死んだとき、キミはすんごい責められるよね」ってぼくは妻によくいってるんですよ。こうしてりゃよかった、ああしてりゃよかったって悲しみの矛《ほこ》で刺してくるんですよ。こっちからすればお通夜で仲良く寿司でも食べなよっておもっちゃうんだけどね。

故人の死を自分だけのものにしたいという気持ちはわからなくもないけど、それを人に押し付けた時点でぼくはアホだとおもうんです。だからあなたがお母さんの死をどうおもいたいか、それでいいとおもうんです。

故人を偲べることって生きている人の権利だとおもうんです。ぼくも死ぬことをよく考えるけど、偲ばれるってありがたいことですよ。

兄弟同士で後悔を口にしていられるなら、それでいいとおもうんですよね。独占ではなく共有なわけだし。月並みなこといっちゃいますけど、普通に考えれば、自分の死で、自分の子どもたちにケンカなんかしてほしくないでしょう。

ぼくだってそうですよ、自分の死で家族や友人にケンカなんかしてほしくないです。まぁ死んじゃってるからどうでもいいっちゃいいけど。

故人を偲ぶ気持ちは個々のものだからこそ、故人の死を独占したり、悲しみを専売特許にしちゃう人ってちょっと迷惑なんですよ。

大切なのは真相ではなく、あなたの偲ぶ気持ちだとおもうんです。だからあなたがどうおもうかでいいとおもうんです。

お母さんが亡くなったのは悲しいことで、時間はとてもかかるだろうし、納得だとか腑に落ちるなんてこともなかなか難しいとおもうけど、それでも生きていかないといけないんですよね。

Q 生きたいのか死にたいのか、本当はどっちなのか考えたほうがいい

幡野さんの回答に、いつも感服しています。

今年の3月に保育士の仕事を退職して、現在は無職です。

57歳、独身です。猫と暮らしています。

年金、国民健康保険、県民税、町民税、その他様々な支払いなど、収入がなく消費するだけの毎日に、生きている価値はあるのだろうかと考える毎日です。

誰とも会話をせず暮らしています。

お金が無くなれば、更に生きている価値はゼロになりますね。

ゼロになる日をカウントダウンしています。

セルフネグレクトで孤立死する人が増えているそうです。

それは明確な自己責任です。わたしも、自己責任でお金がなくなったら死にたいと考えています。こんなわたしにかける言葉はありますか？　ないですよね。。


（花子 57歳 女性）

A

正直なところ、あなたにかける言葉はありません。いいたいこととかおもうことはたくさんあるんですけど、何をいってもたぶん全部マウンティングになってしまうとおもうんです。そもそも、ぼくとは環境も状況も違いすぎるし、価値観も違いすぎます。

ぼくはあなたよりも20歳若くて、妻子がいます。独立して10年経った個人事業主の写真家で、いろんな会社や個人から仕事の依頼をいただいて、撮影だけでなく文章も書いて収入の柱にしています。これだけですでに状況が違うし、マウンティング感ハンパないでしょう。

お金を稼ぐことよりも大切なのは、消費することと投資をすることだとおもっています。だからといってタダ働きなんてまっぴらごめんで、ぼくは写真で生計を立てて納税している社会人なんだけど、たまに写真が趣味の病人って勘違いされて、タダ働き依頼があるんです。

ボランティアはやるけど、本業でタダ働きって、よほどのことでもないとやらないよね。ちゃんとお金を支払ってくれている人への裏切りだし、同業や後進の写真家への害悪にしかなりません。

仕事は大切だけど、仕事なんて社会情勢や健康状態によって簡単に失うものだから、仕事以外にもアイデンティティの柱となるものを何本も持つことも大切だとおもって、ぼくは薄く浅く広い多趣味です。

なにをいいたいかというと、ぼくとあなたの微《かす》かな共通点といえば、ぼくは健康上の問題で死ぬ、あなたは経済的な問題で死ぬ、いままではぼんやりとしていた死が現実的になったということぐらいです。あとはネコが好きということ、これは大きな共通点だとおもいます。

でも、健康状態や家庭環境、就労状況や金銭感覚、年齢や生きている時代も世界も違うのだから、言葉をかけるのとかはちょっと厳しいですよね。

じゃああなたとおなじ状況の人じゃなきゃ何もいえないのか？　ということではないですけど、あなたからすれば、ぼくのアドバイスってあまりいいものにはならないとおもうんです。ただの強者の上から目線になるだけだとおもうし、それに反感を持たれて弱者の下から目線で反論されても困ってしまうし、つまりあまり嚙み合わないとおもうんです。

ぼくは生きたい人には生きやすい社会であってほしいし、死にたい人には死にやすい社会であってほしいともおもっています。生きる権利は生きる義務ではないとおもっているし、生きる権利と同等に死ぬ権利を持つことも必要だとおもっています。だからお金がなくなったら死にたいという、あなたを止めるつもりもさらさらないんです。

これ先にいっておきますけど、ここで相談をするよりも、お寺や教会か役所に行って相談するほうがいいとおもいます。あなたにかける言葉はないというよりも、ぼくの言葉を聞かないほうがいいとおもうんです。

年金の受給まではそれなりに時間があるのに、57歳という定年にはすこし早い年齢で退職した理由が、あなたの健康上の問題なのか、職場の事情なのかわからないし、正社員だったのかパートだったのか雇用条件も不明だから簡単にはいえないのだけど、どちらにしても無職で支出をゼロにはできないのだから、お金が底をつくのは明白です。

だから働くのがいちばんいいですよ。いきなり強者の目線が炸裂《さくれつ》しちゃったけど、働くことっていくつかメリットがあって、一つは収入を得ることができるメリット、もう一つは自分が何かの役に立っているという実感を得ることができるんです。

誰だってはじめて働く職場では緊張しちゃったり、知識不足と経験不足で本領が発揮できないから、居心地がすごく悪いじゃないですか。はじめてのアルバイト先の居心地の悪さみたいなものですけど、あれって自分が役に立てていなくて、自分が足を引っ張っていると感じるからだとおもうんです。

でも仕事にも人間関係にも慣れてくると、職場の居心地が良くなってくるし、収入を得ることができて、誰かの役に立てていると感じられるようになるかもしれない。そうなるならとてもいいことじゃないですか。それで社会とのつながりができたりしますよね。これを逆手にとったのがやりがい搾取《さくしゅ》をするブラック企業だったり、タダ働きを求めてくる人なんですけど、そんなものは相手にしないで、まずは収入の確保を第一にするべきじゃないですか。

健康上の問題で働くことができないのであれば、生活保護でいいわけですよ。ぼくには、お金がないから死ぬというあなたの価値観が理解できないんです。最終的には餓死とか自殺ということなんでしょうけど、現代日本の社会でわざわざそれを選ぶことが、ぼくにはさっぱり理解できません。否定はしませんけど、理解はまったくできません。

生活保護を受給する人を批難する人がいるけど、社会保障って、いまそれが必要な人を助けるもので、自分が必要なときには助けてもらえるというものだから、生活保護を否定していると自分が必要になったときに困るとおもうんですよね。

生活保護費の引き下げや、現金ではなく食事券的なものにすることを要求する人がいるけど、ぼくはまったく逆だとおもってます。こういうことというと怒りだす人がいるけど、生活保護費は引き上げるべき。でも、怒る人も口をそろえて「本当に必要な人が貰《もら》うのならいいけど」っていうんですよね。不正受給は確かにあるけど3%未満だし、3%未満のために97%以上の本当に必要な人を苦しめているんだよね。

生活保護費の上限よりも収入の低い人は不足分をどんどん受給して、それをどんどん消費にまわしてほしい、それだけでお金がまわるからね。いざ自分が生活保護が必要になったときだって、食事券よりも値上げされた生活保護費のほうがいいしね。

生活保護を受給する人を批難する人って、社会保障とか経済とか、自分のメリットも考えないで、罰を与えて自分の溜飲《りゅういん》を下げようとする人だからぼくは苦手なんですよ。


ぼくはざっくり計算すると一年間で2000万円ぐらい医療費を使ってるんですよ。たぶんこれだけで一人当たりの生活保護費の10倍ぐらいなんじゃないかな。自己負担は3割で600万円ちょっと、それも高額療養費制度でほとんど返ってきて一年間の負担は100万円ぐらい。社会保障がなければ治療の継続ができなくてとっくに死んでるし、社会保障がなければ健康な人は安心して働いて納税ができないよね。

それに極端なことをいえば、患者がいないと病院は経営状態が悪くなってしまうし、製薬会社だってあたらしい薬の開発もできないし経営状態が悪くなってしまうんです。医療費だって生活保護費だってお金がまわってるんですよ。

生活保護を受給するにしても、可能ならば並行してパートですこし働いたり、ボランティアをするのがおすすめです。お金だけを貰うって困窮《こんきゅう》からはひとまず脱却できるけど、中長期的にはけっこうヒマなんですよ。働いたりボランティアしたりすることで得られる、社会との接点や役に立っているという実感って、お金とおなじぐらい大切です。

定年退職したおじさんがボランティアとか町内会の活動に励んだりするけど、あれもなにかの役に立ちたいからだとおもうんです。病人なんかもそうなんですよ、じつはみんななにかの役に立ちたいとおもっていて、いろいろやりたいけど周囲が心配でやらせなかったりするんだよね。本当は本人がやりたいことや、役に立つことをやらせてあげたほうがいいのにね。

あなたの死にたい理由って収入が途絶えたこととの不安と、社会との接点が途絶えたことの寂しさと、役に立てていないという実感でしょう。収入がないのに支出はあって、誰とも会話しないで過ごしていれば誰だってそうなるでしょう。

死にたくないのであれば働いて収入と社会との接点を持つか、生活保護でひとまず困窮を避けてパートかボランティアで社会との接点を持つほうがいいとおもいます。これも強者の上から目線っぽいのは重々承知の上なんだけど。

死んで人生を本当に終わらせたいというなら、税金だとかそういう支払いは滞納しましょう。お金がなくなったら死ぬという人間が年金保険料を支払うって、年金制度を維持するには正しいし、あなたも真面目なんだけど、もうちょっとずる賢く生きてもいいんじゃない。

パッと美味しいもの食べたり、ネコと泊まれるような宿に行って一緒にいい刺身《さしみ》でも食べて贅沢《ぜいたく》するのもいいんじゃないですか。ペットボトルに入ったお水をちびちび飲むのは、時間をのばして助かりたい人の飲み方ですよね。死を覚悟しちゃうならグイッと飲んじゃうのも一つの飲み方です。

グイッと飲むように美味しいもの食べて、やっぱり生きたいとおもったら生活保護でいいわけですよ。態勢を立て直したらまた働いて納税すればいいし。ぼくだって働いて納税しているわけだけど、あなたみたいな人にぼくが納めた税金の一部が届くなら、嬉しいことだよね。病人だけど役に立っている実感ができるし。

生きたいのか死にたいのか、本当はどっちなのか考えたほうがいいとおもうんです。ぼくからすればどっちでもいいのだけど、あなたにとっては大切な問題でしょ。だした答えによってお金を使うかお金を確保するのか変わってくるのだから、よく考えましょう。

「センスや才能」は、先天性のものじゃなく、後天性のものですよ

Q

30歳女性です。

4年ほどデザインの仕事をしていますが、自分には才能もセンスも無いと思います。デザインの仕事から他の企画やデザインをしない職種に転職をしたいと思っているのですが、未経験・30歳（すぐ産休に入るのではと疑われる年齢のようです）ではどこも雇ってくれないのが現状です。面接してくださる会社があっても条件がかなり悪いなど、とても生活して行けそうも無い求人ばかりです。

毎日センスが無い自分が苦しくて他のセンスがある人と比べてまた苦しくて、精神科に行っても根本的な解決にならずで自分の中で「グルグル」が止まりません。また自分は一人暮らし独身で彼氏もおらず、シェルターのような環境がありません。

仕事の無い方々から見たらただの甘えに思えるかと思いますが、見込みが無くともデザインのセンスを磨くか、収入が少なくとも別の職種に行くかのどちらかしか無い状況に毎日辛く、どうしたら良いのか悩んでいます。

こんな時、幡野さんでしたらどうされますか？


（さいとう 30歳 女性）

A

デザイン業界の仕組みや世界のことをぼくは全然知らないのだけど、写真家という職業柄デザイナーさんとよく一緒に仕事します。写真家って、魚や野菜を収穫するような人たちに似ていて、デザイナーさんはそれを料理するシェフのような存在です。

シェフによって美味《おい》しくも不味《まず》くもなるので、デザイナーさんの存在って写真家にとっては超重要です。写真も良くてデザインも良いと、すごく美味しい料理ができるんですよ。仕事をするうえでいちばんしあわせなことは、自分がいいとおもう写真をデザイナーさんが美味しく料理してくれて、仕事に関わった人やクライアントさんがよろこんでくれて、高いギャラが発生することです。

デザイナーと写真家って協力関係にあるクリエイティブ業なので、もしかしたらヒントになることがあるかもしれません。ぼくがこれから書く中で、いいことはいいとこ取りして、説教くさいところはデザイナーさんらしくトリミングして切り捨ててください。都合の悪いことに耳を塞《ふさ》ぐって大事なことですよ。

センスで悩んでいるところに追い討ちをかけるようで申し訳ないけど、正直なところ、センスのないデザイナーさんとは誰だってわざわざ一緒に仕事をしたくはないですよ。あなただってわざわざ料理の美味しくないお店には行かないでしょ。

そもそもデザインってひとことでいっても、料理とスポーツぐらいジャンルが広く、そこでのあなたの実績もレベルもわからないけど、センスがないって自覚してるぐらいだから、センスがないんでしょう。

写真センスがない写真家だったり、デザインセンスがないデザイナーというのは存在意義が問われるので、あなたが悩む気持ちはよくわかります。辞めたくなる気持ちは、ちょっと吐き気をもよおしそうなほど、痛いほどよくわかります。なぜならぼくもそういう時期はありましたし、これからもあるかもしれません。

写真でも、よくセンスとか才能が必要っていわれたりするけど、ぼくはいつも疑問に感じるんです。センスがないからって諦《あきら》めたり、才能がないからってチャレンジをしなかったり。まさにあなたみたいなパターンの文脈で使われるセンスや才能という言葉には疑問があります。

なぜかセンスって先天性《せんてんせい》、生まれつきのような扱いなんですよね。センスや才能って先天性じゃなくて、間違いなく後天性《こうてんせい》のものですよ。暴走族のファッションセンスを見てくださいよ、先人の暴走族センスをなぞった後天性でしょ。

センスは生後に磨くものなんです、そんなに難しくありません。まずはなにをインプットするかということです。自分の中に吸収したら、自分の中で考える必要があります。便利にしたり、カッコよくしたり、質を高めて良くします。それをアウトプットすればいいだけです。

アウトプットした仕事や作品が正当な批評を受けることで、さらにセンスは向上していきます。だからセンスを磨くということは、勉強をするということなんだとおもいます。

クリエイティブにおけるセンスって、センス学です。誰だっていきなり数学とか医学とかできないでしょ、勉強して得意になるでしょ。センス学だって一緒ですよ。

この連載を暴走族さんはまず読まないだろうから安心して書けるけど、暴走族は暴走族文化だけをインプットしているので、現代でも40年前と変わらないファッションと暴走スタイルのままなんです。暴走族のセンスが変わらないのは、なにも考えていないからです。批判すれば釘《くぎ》が刺さったバットで襲われそうだからなにもいえないけど、暴走族も普通の高校生みたいに時代に合わせてどんどんカッコよくなればいいのに。40年前は硬派だったのかもしれないけど、勉強をしなくなると進歩が止まるんですよ。

あなたがどれくらい勉強をしているのかわからないけど、センスがないと自覚しているのなら、その原因は、インプットしてるものが悪いか、勉強の方法が悪いかのどちらかでしょう。

ぼくはいろんな写真家の作品をたくさん見たけど、映画やマンガや本、子どもが描く絵やゲームとか、写真とは関係のないものや人生経験のすべてがインプットになっていて、それを自分の中で噛《か》み砕いて組み合わせて、自分の美学や思考を持つことで、自分が本当にいいとおもう写真をアウトプットできるようになりました。

センスがいい人って自分の住む環境にちょっと素敵なものを置いたり、素敵な道具を使ったり、美術館に行ったり素敵なカフェに行ったり、自分が心地いいと感じる空間へ能動的に行くじゃないですか。もちろんお金がかかることなので、アウトプットでちゃんと稼ぐ必要があります。

写真をやってる人が写真だけをインプットするのはあまりよくなくて、ありがちな最大の問題はカメラと写真の話しかできなくなっちゃうんです。キツイことといっちゃうけど、つまらない人なんですよね、そしてつまらない人が撮る写真ってつまらないんですよ。

写真なんて誰でも撮れる時代です。おもしろいことしてる高校生や大学生のほうが基礎がおもしろい人だから、こっちも勉強をし続けないとすぐ抜かされちゃうんだよね。写真ってスポーツと一緒なの。関西人っぽくいうけど、デザインも一緒でしょ知らんけど。

ここまであたかも誰でも簡単にできるかのように書いたけど、これが難しいことは百も承知です。「でもでも、だって」といいたくなる気持ちはよくわかります。

センスを磨くことや勉強をすること自体が才能なのかもしれません。でも才能は育ててのばすものです。仲間や先輩や、師匠《ししょう》や先生だったり、周囲の人や環境で才能は大きく変わります。人との出会いは大切です、なぜなら才能を潰《つぶ》す人もいるからです。

写真家もデザイナーも、一流から三級までいるわけです。厳しいことといいますが、ここで「でもでも、だって」といってしまうなら、早めにあきらめて二級でも三級でも自分の生きやすい場所を見つけましょう。「でもでも、だって」とそれでもいいたいなら、都合の悪いことに耳を塞いでいたほうがまだいいです。

好きな仕事をして生活を成り立たせることも、自分ができることをやるのも、心を崩さないということだって、社会で生きていくうえでは大切でしょう。魚だって、上流と下流や、暖流や寒流ですみわけてるじゃないですか。

一流の仕事だけじゃなくて、業界全体にはちいさい仕事もあるからね。地方に行けば予算が少ないんだろうなっていうポスターやローカルCM見るでしょ。異業種に行ってもネットをうまく使って副業で受注すりゃいいし。センスがないにしても、異業種で収入が低くなるにしても、問題があるならまずは解決や改善をするのがいいでしょう。

そもそもデザイナーでキャリア4年ってどうなんだろ、写真業界だとキャリア4年だとまだまだだという印象です。写真の場合はアシスタント歴とジャンルで大きく左右されるけどデザインもたぶんそうだよね。

ぼくは2011年の震災直前にアシスタントから独立したんです。震災が起きたらまったく仕事がなくなりました。撮影って電力を使うので、写真業界内の大御所からも、みんなで仕事を自粛《じしゅく》しましょうってムードになったんです。そりゃ大御所は資金も仕事もあるからいいよ。

当時はフィルムから完全にデジタルに移行した時代で、印刷物からウェブに移行しはじめのタイミングでした。それで雑誌各社がカメラマンのギャラを安くしますって連名で声明を発表したりして、ギャラがけっこう下がったんですよ。

でもそれは三級カメラマンのぼくだけじゃなくて、二級と三流ぐらいまでのカメラマンの仕事が激減したんです。そうなると廃業を余儀なくされる人も多かったんです。震災からちょっと経ったら仕事は復活したけど、若いカメラマン不足になって、ぼくはそれから仕事に困らなくなったんです。

これいうと世間からは反感を買いそうだけど、コロナ禍で経済がかなり厳しくなって、倒産する会社も廃業する人も増えたし、そのうえ若い人が勉強をできる環境も減ってしまったので、すでにデザイナーになってる若いあなたって有利だよ。

企業は予算を抑えたいだろうから、たぶん震災のときとおなじで時代は繰り返すよ。でもそのためには勉強が必須です。

失業者がすごく増えると、異業種転職はけっこう厳しいよね。震災後も写真業界にアシスタント希望者が老若男女たくさんきたけど、やっぱり採用は若い男性が多かったのが事実です。だから条件をいろいろ落とすか、職種も絞られてしまうとおもいます。

ぼくだったらどうするかって聞かれれば、異業種転職はいまいちばん厳しいって判断するかな。でもそれは自分の経験に基づいたものだから、あなたに合うかどうかは別だよ。

後悔をするのも責任をとるのも……っていっちゃうと悪いことばかり起きそうな感じがあるけど、そんなことはなくて、しっかりしあわせになるのはあなただから、あなたの好きにしていいんじゃない。

簡単な子育てに対する、簡単な復讐方法

Q

幡野さん初めまして。

子育てとは、何処《どこ》までが親の責任なんでしょう。

私の子供は20代でいわゆるニートです。

小学校から学校を休みがちでよく子供の父である夫に私もまとめてどやされました。

最近になってから
「昔父（夫）に不登校になるくらいならお前は死んだ方がマシだったのにと言われた」とか、

「本当は自分（子供本人）のことなんてどうでもいいんでしょ」とか、

「愛してるなら何で（夫に）何も言ってくれないの」と責められます。叩《たた》いてしまうこともありました。それは悪いとは思います。

でも正直私だって無収入で家出も出来ない中、ただでさえ夫に当たられて辛《つら》いのにそんなことばかり言われても板挟みなのにと思います。

そんなに親が嫌いなら生活保護でも障害年金でも貰《もら》って出ていって貰いたいです。正直その方が本人も楽だと思いますし私も毎日毎日夫や私の子育ての仕方の悪し様を語られるのは疲れます。

夫は定年で「年金で生きてくんだからお前は働くしかない」と子供へプレッシャーをかけますがそれも事実です。

親は何処までが責任なんでしょうか？

私なりに精一杯でしたし子供と２人で死のうと思ったのは一度や二度ではなく不登校になるずっと前の、子供が赤子の頃からの話です。

夫選びに失敗したという誹《そし》りは免れないかと思いますが、私にも子供にも人生があるし、失ったと思うものは自分で取り戻して欲しいです。

（匿名希望 50代）

A

お子さんに将来どんな大人になってほしかったんですか？ 社会でバリバリ活躍してたくさん稼いで、安定した企業につとめて結婚して孫が生まれる。あなたと旦那さんに感謝してくれて、年金暮らしのあなたたちにお金を仕送りしてくれたり援助をしてくれたり、将来は孫に囲まれてしあわせな老後を送らせてくれて、あたたかい介護をしてくれる大人ですか？

そうなってほしいのであれば、お子さんがちいさいころにそうなるような教育を施《ほどこ》せばよかったじゃないですか。あなたと旦那さんがお子さんに生きにくさを抱えるような教育を施したのだから、お子さんがニートになってもなにも不思議ではありません。水に塩を入れてしょっぱくなったようなものじゃないですか。

「『愛してるなら何で（夫に）何も言ってくれないの』と責められます」。この言葉って、お子さんから責められたときに、あなたが言った「あなたのことを愛している」って言葉への反論でしょう。「言ってくれなかった」という過去形ではなく、「言ってくれないの」という現在進行形ということは、お子さんは旦那さんの現在の圧にも苦しんでいて、あなたはそういうお子さんを守っていないんでしょう。あなたはお子さんがちいさなころからずっと、いまも守っていないんですよ。

あなたからすればお子さんを愛して育てたつもりなんでしょうが、お子さんはあなたの愛を愛とはおもってないでしょう。あなたは自分を愛しているだけ、自分は悪くないっておもっていて、ぼくにも悪くないよって肯定してほしいだけ。

旦那さんの圧をあなたもずっと受けていて、解放されたいだけ。圧の原因がお子さんだとおもっているから、生活保護でも障害年金でももらって出て行ってほしいだけ。ところで障害年金って、お子さんに障がいがあるんですか？　もしお子さんに障がいがないのにこれをいってしまっているとしたらウルトラにヤバいよ。お子さんにとっても、本当に障がいのある人にとっても、けっこうな人格否定だよね。もしも本当に障がいがあれば、お子さんに原因があるような印象を与えられるし、あなたは悪くないって世間におもわせることができる。

なんすか？　あなたの愛って。

「親が嫌いなら生活保護でも障害年金でも貰って出ていって貰いたいです」。これをお子さんにいうなら、「親」の部分を「旦那」にかえて、過去のあなたが実行すりゃよかったじゃん。離婚してシングルで育てるなり、児童福祉施設に頼ってバラバラに生活すればよかったじゃん。

過去には戻れないので実行不可能な上に、あなたは効果的な反論もできないとわかってて、ぼくはいま正論で殴ってるんだけど、あなたがお子さんに無自覚にやってることですよ。あなたの場合は正論じゃなくて詭弁《きべん》だけど。

お子さんの立場になって考えてみましょうよ。父親が母親を責めて両親の不仲は自分のせいとおもいこまされる。父親からは人格否定と暴言（きっと暴力も）を受け、母親からも同様に暴力（きっと暴言も）を受ける。

不登校で学校にも家庭にも居場所がない状態。子どもの声を聞かずに、存在しない世間の幻聴に耳を傾けて不登校を矯正《きょうせい》させる。目の前に存在する子どもの声に耳を傾けるべきだよね。不登校の子にとって学校って息ができない場所だよ。そして母親が自分と無理心中しようとしていたんでしょ。

あなたは大変だったんですよ、旦那さんの経済DVもあったのでしょうし、旦那さんの子育てへの態度は本当に終わってる。でもお子さんの立場になって考えてみましょうよ、生き地獄だよね。すんごいきついこといいますけど、あなたと旦那さんって、お子さんにとっては生き地獄にいる鬼ですよね。

お子さんよく自殺しなかったね、何度も自殺を考えたとおもうよ。自分は存在しないほうがいいっておもっていたとおもうよ。これは現在もおもってるとおもいます。

お子さんは虐待の被害者と言っていいかもしれない。となれば、あなたたちは虐待の加害者です。「本当は自分（子供本人）のことなんてどうでもいいんでしょ」というお子さんの言葉、すでにあなたのこと見抜いているじゃないですか。なんですか？　あなたの愛って。

お子さんはあなたたちと違って暴力を使わずに、あなたに自分のつらかったことを話していますよね。かなり勇気がいることだとおもうんです。あなたは自分の暴力は悪いとしても耳を傾ける気持ちはなくて、消えてほしいっておもってるわけじゃないですか。「叩いてしまうこともありました」って暴力をずいぶん美しく綺麗に書きましたね。あなたの愛は自己愛です。

いつまで子どもの声を聞かずにいるんですか？　そもそも暴力のこともちゃんと謝罪していないでしょう。お子さんがいま感じているのは絶望です。

ぼくは子どもって所有物ではなく、預かっているものだとおもっているんです。**神さまとかコウノトリから預かってるんじゃなくて、大人になった「未来の子ども」から預かってる**とおもってます。

自分の所有物じゃなくて、預かっているだけだから粗雑には扱えないんですよ。自分のスマホだとちょっと乱雑に扱ってても、人のスマホを一時的に預かるときは慎重になるじゃないですか。

だからぼくは自分の息子に暴力も暴言も人格否定の言葉も、いまのところ使っていません。ただ、暴力と暴言は子育ての手段としてとても簡単なのだと感じます。

暴力を使えば子どもにどんなことでもさせることができます、だって誰だって殴られたくないでしょう。強盗だって強姦だって暴力がセットだから達成できます。暴言は子育てや日頃のイライラの憂さ晴らしになります。

それでいて被害者である子ども本人は、どんな親でも親のことが好きです。大人と違って許さないということができません。親に自分のことを好きになってほしいからです。だから親の虐待を虐待と認識せずに、親を肯定します。それが親の暴力と暴言に拍車をかけて、虐待をしている親は子どもに依存します。暴力と暴言を使った子育てなんて超簡単なんですよ。

ぼくは子育てしてまだ4年です。将来息子がどんな道を歩もうと息子の人生です。すべて息子が自分で決断して責任をもつことなので、ぼくが口を出すつもりは一切ありません。人生は好きなことを見つけて決断をすることの連続だとぼくはおもっているので、息子が将来それができるように子育てをしているつもりです。

三つ子の魂百までということわざがもしも本当なのだとしたら、人格の基礎になる部分の子育てはすでに達成したとおもっています。難しい子育てをしていると自負しています。あなたにはお子さんに対する責任はないですよ、というかあなたは責任はとれないし。あなたのお子さんはこれから一生周囲の人にいわれるんですよ。親のせいにするんじゃない、成人したら自分の責任だよって。

ぼくも生き地獄の鬼みたいな両親のもとで育てられたけど、いまはそれなりに天国っぽい生活をしています。でもそんなことはたまたまなだけであって、ぼくはあなたのお子さんに「親のせいにするんじゃない、成人したら自分の責任だよ」なんて口が裂けてもいいたくないかな。本当に口を裂かれそうならいうかもしれないけど。

めちゃくちゃ苦労するけど、現実的にはこれからはすべてお子さんの責任です。確かに本人次第なんだけど、メンタルをズタズタにした原因はあなたと旦那さんなのであって、お子さんが生きにくさを抱えていることとの因果関係は受け止めたほうがいいんじゃない。強盗犯が開き直って自分を正当化してるのって最悪だよね。せめてもの責任の取り方を考えましょう。

「私にも子供にも人生があるし、失ったと思うものは自分で取り戻して欲しいです」ってあるけど、お子さんが勝手に失ったわけじゃなくて、あなたと旦那さんが与えなかっただけで、人生を強奪《ごうだつ》されたお子さんからすればふざけんなっておもってるでしょう。

でも、確かにそうなの。現実的にはあとはお子さんが自分で手に入れていくしかないんですよ。でもぼくがいうのと強奪犯がいうのでは心証がまったく違うので、あなたはいわないほうがいいよ、マジで。

ぼくもお子さんは家を出たほうがいいとおもう、それは何よりもお子さんのためですよ。あなたと旦那さんから離れたほうがいい。これ以上毒を吸い続けないほうがいいでしょう。

いまは20代だけど30代、40代になっても社会性がなければますます厳しくなるし、場合によっては、これから高齢になって体力と圧がなくなったあなたたちに復讐《ふくしゅう》しちゃうかもしれないしね。

旦那さんの圧をお子さんが解決するいちばん簡単な方法は暴力なんですよ、家庭内暴力を使えば簡単なの。あなたたちがお子さんに簡単な子育てをしたのと一緒だと僕は思います。

解決は難しいんじゃないですか、お子さん次第だから。まずはしっかりとお子さんの言葉に耳を傾けて、お子さんに謝ったらどうですか。でもここまでいってもあなたは自分が悪いとはおもっていないだろうから、なおさら解決は難しいとおもいます。

あなたにも生活保護という手段はあるので、いまからでも離婚を検討してみたらどうですか。

命の価値は不平等。自分が苦しいからといって、誰かを苦しめていい理由にはならない

Q

とても死にたいです。死ねないなら死刑になりたいです。3人ぐらいでしょうか。いや、もちろん思うだけなのです。決して実行など出来ないのでしょう。だって死ねないのだから。あの時、親から首を絞められたとき抵抗しなかったらこんなに苦しまなかったのでしょうか。たとえば人から「お前なんか死ねば良いのに」と言われたときその言葉の効き目で死ねたら楽なのに。もう頑張れないし頑張りたくないです。解決法を模索したりするのも疲れました。どうにもならないのに助けを求めるために1から思い出して説明するなんてもう沢山です。じっと硬直して迷惑をかける度に謝って配慮をしてもらうために頭を下げて、つらいなぁと思いながら死ぬまで生きるのでしょうね。でもきっともっとたくさん辛い思いをしてる人がいるんですよね。いるでしょうね。ではどこかでお会いできるときを楽しみにしているとお伝えください。

（なたでここ）

A

3人ぐらい殺して死刑になりたいってこと？　やばいっしょ。自分の命には価値がないとおもってるかもしれないけど、自分が苦しいからといって、誰かを苦しめていい理由にはならないよ。

だいたい死ぬことが目的なのであれば死刑狙いなんて効率が悪いでしょう。人の殺し方を知らない人が3人も殺すってのはけっこう……というかかなり大変なことだとおもう。狩猟を経験して知ったことだけど、鉄砲を使ったとしても致命傷を与えるのは実はけっこう難しい。刃物や鉄砲みたいな道具があっても知識と技術がないと難しいのよ。ドラマや映画や漫画とはやっぱり違うよ。

ぼくは経験を積んだことでどこの臓器をどこからどうやって狙えば絶命させられるか知っているけど、もしもぼくが死刑狙いの無差別通り魔になったとしても、せいぜい一人殺せるかどうかだとおもう。目の前で一人が刺されたらみんなすぐに逃げて、警察官に捕まるのがオチで死刑になれないでしょ。

そうなってくると逃げられない子どもづれの女性や、高齢者や弱者を狙うんだろうし、そういった事件は過去にたくさん起きているけど、ぜひ自分の命の価値と誰かの命の価値は別物だと知ってください。

さまざまな格差と差別と生きづらさが存在して、それを解消する具体的な術《すべ》もない世界で、ぼくは命の価値が人類みな平等だなんてことはまったく信じてないよ。だからこそ街を歩いている見知らぬ女性や子どもの命にも価値がないとはおもわないでくれ。

あなたが死にたいという気持ちを否定するつもりはないし、ぼくは病気になったときに死にたくなったんだけど、だから死にたいという気持ちはぼくにも理解ができる。死にたいという気持ちを誰かから否定されることの苦しさも理解できる。

健康で経済状況も人間関係も良好な順風満帆《じゅんぷうまんぱん》な人に「死んじゃダメだ」っていわれてもなにもピンとこないし、難病を抱えていたり生きにくさを抱えつつも生きている人から「死んじゃダメだ」っていわれても「あんたはがんばってくれ」としかぼくはおもえなかったんだよね。

「死んじゃダメだ」ってさ、あれって誰のためにいってるんだろうね。ぼくはそれぞれのポジショントークのように感じて余計に孤独を感じたし、死にたいって極限状態までいってるのに、それを否定しないでよっておもったよ。

でもそういうことをいえば「お前なんか死ねば良いのに」とか「一人で勝手に死ね」って言葉が返ってくるんだろうね。「死んじゃダメだ」っていう人にとってはこの言葉は善意なんだよね。善意を拒否されると怒りに変わる人ってけっこういるの。

ぼくも病気になってずっと鳴り止まないお見舞い電話とか、健康食品や宗教やインチキ医療の勧誘がたくさんあって、とてもご迷惑だったんだよね。でもそれは相手からすると善意だから、拒否をすると怒って「地獄に落ちるよ」とか「だから病気になったんだよ」みたいな攻撃に変わるんだ。

相手の迷惑を考えられないペラペラなうっすい善意で爆弾を包んでいて、爆発させたくなかったら感謝をするしかないから、やっかいなんだよね。役に立って感謝されたいんだろうけど、病人も死にたい人も置いてきぼりだよね。

感謝目的のポジショントークしてくる人って、どんだけ承認欲求が満たされてないんだよって病人ながらに心配しちゃうよ。

死ぬことが目的なのであれば、ぼくは自殺がいちばんいいとおもうけどね。日本には安《あん》楽《らく》死《し》はないし、もしも安楽死ができたとしても自殺目的の安楽死はできないのが現実です。これは安楽死が合法な海外でもおなじで、安楽死にもちゃんとルールがあって、自殺目的だと残念ながらできないのよ。

自殺でいちばん怖いのは自殺の失敗です。自殺を失敗して二度と自殺ができない状態の体になって後悔をしている人にも、自殺しようとした家族を救命して後悔をしている人にも会ったことがあるのだけど、自殺の失敗がいちばん怖い。自殺にも知識と技術が必要であって、ここはしっかりと考えておいたほうがいいよ。

最終的には自殺を止めることはできないの、いつどこで実行するかもわからないし、みんな死んじゃダメとか支援が必要だっていうけど、自殺を止めるのが仕事でもない限り、自分の手間とコストをかけてあなたの自殺を止める人ってのは稀《まれ》な存在です。

でも人は、手間とコストどころか自分の命をかけてでも、あなたの殺人を止めることはできるのよ。たぶんぼくはあなたの自殺は止めないけど、あなたがもしもぼくの目の前で見知らぬ子どもを襲っていたら助ける。ましてや自分の妻子だったら当然だよね。死にたい人を助けることと、生きたい人を助けることって性質が違うよね。

ぼくは写真家だからいつもカメラを持ってるんだけど、カメラってほぼ切れることのない耐久性の高い1メートルぐらいのストラップがついている金属の塊《かたまり》だから、ハンマー投げみたいに振り回すと人を殺傷できるような武器になるんだよね。カメラが壊れようが自分の命を危険に晒《さら》そうが、逆に警察に逮捕される可能性があろうが、見知らぬ子どもでも自分の子どもでも助けるとおもうんだよね。

だって、ぼくの命と子どもの命の価値は違うから。子どもの命の価値も期待値も、ぼくよりもはるかに高い。ぼくなんて生搾りレモンサワーの搾りきったレモンみたいなもんだから、これから成長する子どものほうが圧倒的に可能性も価値も高いよ。

でもそれは、あなたもおなじことだったんだよね。あなただって可能性と期待値と価値の高い子どもだったわけで、どこかの見知らぬ子どもだったんだよね。ぼくはあなたの首を絞めたあなたの親にも「お前なんか死ねば良いのに」って言葉をかけてきた人にも、ふざけんなっておもうんだよね。

首を絞められたときに、それがもしもぼくの目の前だったら絶対に助けていたよ。ぼくは虐待とかいじめがすごく嫌いなの。人の可能性を潰す行為であって、下手をすると社会不安を招く行為だから。

虐待やいじめの被害者は、周囲から克服や努力を求められて、生きづらさを抱えるんだよね。理不尽すぎるでしょ、がんばれるわけないじゃん。そりゃ逆境をバネにできるようなタイプの人はそれでもがんばれるんだろうけど、やっぱり「あんたはがんばってくれ」としかぼくはおもわない。

ぼくは命の価値は平等だともおもってないし、つらさの感じ方も平等だとはおもってないんだけど、あなたのつらさをわざわざどこかのもっとつらい経験をしている人と比べなくてもいいんじゃない？　きっと「もっとつらい人がいるんだぞ」って言葉をかけられたんだろうけど、なんで自分のつらさをツラインピックのメダリストたちと比べないといけないのよ。

それでつらさが和らぐわけじゃないし、余計につらくなるだけでしょ。これって弱者側の人もいったりするんだよね。「私のほうがつらいんだ」って、すげーアホだとおもうよ。自分のつらさと誰かのつらさは無関係なのにね。

虐待する親も「私のほうがつらいんだ」って免罪符《めんざいふ》のようにいうよね、あなたの親もいうんじゃないかな。ツラインピックのメダリストを目指してる選手やコーチの言葉は聞かなくていいよ。弱者の下からマウンティングは本当にやめてほしいよね。

あなたは間違いなく被害者だったんだよ、でもわざわざ加害者になる必要はないよ。すくなくとも通り魔の加害者になることはないよ。見知らぬ人や社会への復讐ではなく、せめて直接の加害者へ復讐したほうがいいよ。ぼくはもっと多くの人が、人間関係における復讐のリスクを認知したほうがいいとおもってるよ。

殺人だとか大袈裟《おおげさ》なものじゃなくて、ちいさな復讐って世の中にたくさん存在するからね。迷惑な善意を拒否しただけでも復讐って発生するんだから。復讐は意識していないだけで世に溢れているよ。

どんなにがんばりたくなくても、死にたいとおもっても、死なないかぎりつらいおもいをしながら生きていかないといけないんだよね。だからせめて死んだら楽になるっておもって、いつでも終わらせることができるって考えていたほうがいいよ。

ぼくは死んでしまう病気になった病人なんだけど、まぁ最終的には死んで楽になればいいやっておもってるから、案外生きやすいよ。徹底的に嫌いな人を排除したから、ぼくのことを不幸にする人はいまの人間関係の中にいないの。嫌いな人を自分の周りから排除すれば、そりゃ好きな人しか周りにいなくなるよね。

ぼくはピーマンが嫌いなんだけど、やっぱり食べないもん。焼肉とかで肉と一緒に皿にのってくるけど、焼くことすらないもん。好き嫌いしちゃダメって人は、自分がやってりゃいいんだよ。

死刑っていつ執行されるか本人はわかんないんだって。今日は生きたいっておもった朝に死刑執行になったら嫌じゃん。もしも次に3人ぐらい殺そうとおもったら、おもいだしてください。諸々《もろもろ》を総合的に考えても、死刑目的で罪を犯すのにメリットは感じないけどね。

自分が苦しいからといって、誰かを苦しめていい理由にはならないよ。って最初に書いたけど、これはあなたの親やあなたの周囲にいる人たちに本当は伝えたいことだよ。人生って不平等だし理不尽だよね。これはもうどうしようもないことだけど、苦しめられているあなたを助けたいとは思ったよ。

モテるコミュニケーション術

Q

とにかくモテたいです。

今までギター、歌、ファッション、料理、筋トレ、スキンケア、勉強、読書etcとできる範囲で努力を続けてきました。

自分で言うのもなんですが顔も並よりは上だと思いますし身長だって高身長の部類です。

人には優しくと躾《しつ》けられてきたので自分の周囲の人と接する時は勿論《もちろん》困っている人がいたら出来るだけ助けるようにもしています。

だけどどうしたってモテません。

結局可愛い子には彼氏がいるしそうじゃ無くても自分がアプローチをしたら気持ち悪がられてお終《しま》いです。

友達に話しても共感してもらえません。逆にここまでしてるのに、という怠慢が見え隠れしているのがよく無いのでしょうか。

人間付き合いは難しいです。

（スナギモ 19歳 男性）

A

女性にモテない男子が「彼女とかいらないっす」って強がっちゃうよりずっと素直でいいし、モテない自分を受け止められずに女性をディスっちゃう謙虚レス男子よりもはるかにいいよ。ぼくはすでに素直で謙虚なきみのことが好きだ。

正直なところきみが19歳でよかったよ、もしも49歳だったらあまり言葉を選ばないぼくもさすがに言葉を選んでしまうだろうから。遠慮なくアドバイスできます。

ぼくはエアマックスを履いていると狩られるという青春時代をエアマックスを履いて歩んできた。狩る側は脅すためにバタフライナイフとかを持ってて、ぼくは現金は靴下の内側とかに折りたたんで隠していた。友達がエアマックスの中敷の下に現金を隠して、エアマックスと現金の両方を奪われたことがあってアホだなっておもった。

きみが生きている時代と、ぼくが生きてきた時代は違うんだ。いまはおなじ時代を生きているけど、生きている場所が違う。ぼくのアドバイスがきみにとって活きるかどうかわからないから、あまり鵜呑《うの》みにはしないでほしい。

モテたいという気持ちはよくわかる、危険を冒《おか》してエアマックスを履いていたのは、やっぱり女性にモテたかったからだとおもうんだ。でもエアマックス履いたってモテないの。

あれは部族の髪飾りや首飾りみたいなもので、自分のテンションを高めたり部族の男性へのアピールの効果はあるけど、同族の女性へのアピール効果ってきっと弱いんだよね。

女性のファッションや髪型やメイクに男ってうといでしょ、理解できなかったり変化にも気づかないっていわれたりするよね。でも女性同士だと変化によく気づくじゃない。狙っているわけじゃないのだろうけど、あれもきっと自分のテンションを高め、女性へのアピール効果を発揮していて、男性へのアピール効果は弱いのよ。

ファッションや趣味というのは、モテるためにしたっていいわけで、それで向上してどんどんたのしくなればいいよね。ぼくはちょうどきみぐらいのときに写真をはじめたのだけど、きっかけはモテたかったからだよ。

写真は実際に、女性ウケはとても良かった。でもそれは当時写真がいまほど普及していなかったからなんだ。スマホもデジカメもなかったからみんな写真をいまほど撮ってなかったの。Twitterもインスタもないから写真を見せる場所も限られたし、知識も必要でフィルムを買って現像するたびにお金がかかるから、いまみたいに誰でもいつでも写真が撮れますよって時代じゃないの。

女性を惚《ほ》れさせようと不純な動機で写真をはじめて、気づけばこっちが写真に惚れてしまい、写真家になってお金も一般企業に就職するよりも稼いでこれたし、いろんな人に出会えていろんな場所に行けるので、わりといい生き方だとおもう。

どんな動機だろうが人生にどんな影響を与えてくれるかわからないから、いまやってるギターだとか筋トレだとか料理だとかは継続してがんばるのがいいよ。

スキンケアのことはさっぱりわからないけど、男性のスキンケアがそこまで一般的でないからこそ将来きみが男性スキンケアで稼げるかもしれないしね。女性はスキンケアに関心が高いだろうから、きみの肌が女性から綺麗だって褒められるようになったら、そのときにスキンケアの話ができればモテるよ。だから女性の範囲を広げてスキンケアのことも勉強したほうがいい。ついでにメイクのことも勉強しちゃいなよ。

モテたいなら、きみの場合は料理教室に通っちゃうのがいちばんいい。女性ばっかりだし、19歳で顔立ちが並よりも上ならば間違いなくチヤホヤされて可愛がってもらえる。

既婚者や彼氏がいる女性だって多いだろうけど、不倫や浮気というのはきみには絶対おすすめしない。あれは恋愛経験上級者のすることっておもわれがちだけど、本当は人生経験上級者のすることだ。人生経験が豊富じゃないかぎりトラブルや不幸が待ってる。

でも大人の女性と会話をする経験を積めるので、それはとてもいい経験だとおもう。きみはいま所属する同族の男子とばかりコミュニケーションをとっているのがダメなんだ。

きみがアプローチして気持ち悪がられるのは、ウホウホしているからなんだ。

女性と付き合いたいなら、言語とコミュニケーションを変えないといけないの。きみが同族男子に送っているラインのスタンプと絵文字と、文体のノリでそのまま女性に送れば気持ち悪がられる。きみのラインを見てないけど想像がつく。

話がすこしずれるけど、「おじさんライン」が痛々しいって若い女性がバカにしたりするのを見るよね。実はおばさんラインも可視化されていないだけで、間違いなく存在するからね。あれはあの世代のおじさんとおばさんの若いころのノリなのよ。でもそれを変えずにそのまま若い異性に送ってるから、ウホウホにしか見えなくて痛々しくて笑われて終わりなんだよね。

絵文字で感情を表現して、絵文字で感情を受け取ってた世代の生き残りなの。きみが生まれたぐらいのころに、メールで絵文字や記号が送れるようになって、異性からハートマークが送られてきたらとても嬉しかったのよ。

これは仮説だけど、感情を言語化せずに、勇気を絵文字に託してしまったおかげで、あの世代のおじさんとおばさんって文章が下手な人がちょっと多い気がするの。でもだからこそ、その世代で文章が上手い人は重宝《ちょうほう》されて、お金も稼げるんだろうし、モテるよね。

料理教室で大人の女性と会話するとき、いろんな女性の目と耳があるわけで、きっと緊張するだろうから、きみが普段しているウホウホコミュニケーションが抑えられるとおもう。それですこしコミュニケーションを勉強してほしい。

そして大人と会話する経験って人生で役立つよ。ぼくも10歳ぐらい大人のおじさんとの会話って役立つし、10歳ぐらい若い人と会話するのって勉強になるもん。絵文字族の失敗を繰り返さないで、同族以外の人たちとのコミュニケーションを学んでほしい。

なによりも料理を勉強した経験が、絶対にまた他のところで活きるからね。料理に関心がある女の子に教えることだってできるし、料理がどんどん好きになって仕事になるかもしれない。たこ焼きパーティーのときにローストビーフを一品作れるだけでヒーローになれるよ。

なによりもいちばん大事なのは、モテたいという下心を消すこと。せめて隠してほしい、きっとすこしガツガツやウホウホしすぎだ。ヘビが舌をチロチロしてたらほとんどの人は避けるけど、野良ネコがゴロンと寝てるだけで人は寄ってくるよ。

ぼくも大人になって知ったことで、若いころの自分にも教えたいことなんだけど、モテたいという気持ちがなくなればなくなるほど、不思議なことにモテる。モテたいとおもってはじめた写真だけど、年齢に応じて実績や結果をだすごとにモテ度はアップする。

そして一つのことをやるだけじゃなくて、いくつかの趣味があったほうがいい。ぼくは27歳ぐらいのときに狩猟の世界に入ったんだけど、狩猟の部族の人には狩猟の話はあまりせずに、写真の話をしたの。逆に写真の部族の人にはあまり写真の話をせずに狩猟の話をしたの。

そうすると相手にとっては知らない世界の話だから、めちゃくちゃモテるのよ。どっちの部族もおじさんばっかりなんだけど。狩猟の部族で鉄砲の話したって写真の部族でカメラの話をしたってモテないの。下手をしたらつまらない会話なの。

ぼくは病気の部族にいたりもするけど、病気の部族で薬の話はあまりしないの。医者や看護師とは最近食べた美味しいものの話とか、会った人の話や行った場所の話とかするの。逆に病気とは縁遠い部族の人には、ちょっとだけ病気の話をしたりするの。

だからきみも料理教室で包丁《ほうちょう》の話をしないで、筋トレの話とか読書の話をするの。いまは大学生かな？　大学では料理教室の話をするの。それがおもしろい話をするってことなの。**人は知らないことを知ったときにおもしろいって感じる**んだよ。そうするともっと会話をしたいって相手におもわれるの。それがモテのはじまりです。

で、なによりも男性にモテることがとっても大切。女性にばかりウホウホいく男って嫌われるのよ、これは女性も一緒。男性にばかりウホウホする女性ってのはホントに嫌われるよ。嫌われることは気にしなくてもいいんだけど、モテることに関していえば自分の足を引っ張りかねないので、敵はいないに越したことはない。

女性だけにモテる男の人ってイケメンだったりするけど、男性にも女性にもモテる人って人間として魅力があるわけだから本物だよね。その人の周りに勝手に人が集まるってことだから、野良ネコというかパンダだよ。本当にめちゃめちゃモテる人って見た目はほぼ関係ないからね。

19歳の若さで趣味も広げているし、ルックスもそれなりに良くて優しさもあって、なによりここに相談を送ってくる勇気と行動力も素直さもあるわけなんだから、モテる素材はたくさんある。ただいまのままでいいわけじゃなくて、あとはうまく素材を料理するだけ。コミュニケーションを見直せばいい。

ここで相談して回答してもらったことも、どこかで話のネタにすればいいよ。きみのエピソードも経験もこれからずっといろんなところで役に立って、そのたびにおもしろい人になれるから、結果としてモテるよ。がんばってモテまくって、どんどん優しい人になってね。そしたらまたどんどんモテるよ。

「親はいつまでも子どもが心配」は親にしかメリットがない

Q

幡野さんこんにちは。

わたしの悩みは子供に対してのことです。

大学4年の息子と専門学校2年の娘が今就職活動をしています。

今年の就活はかなり大変なようですが、２人とも親に相談することもなくそれぞれのやり方でやっているようです。

わたしが口を開くと何か要らないことを言ってしまいそうだし、主人も「すぐ就職出来なくても大丈夫」と言ってくれているので静観していました。

しかし娘から「書類選考通ったから今度東京に行ってくる」とLINEが来たら急にすごい不安になってしまいました。

希望の職種に就けたら喜ばしい。でもちゃんと喜べるだろうか？　自分の不安を口にして子供まで不安にしないだろうか。

息子も内定をとれたようですがどんな会社か聞くとまた要らないことを言いそうで怖くて調べられません。

子供の自立を応援したい。でも自分の怖さとさびしさが溢れてしまいそうです。そうなりたくありません。でもむりに取り繕えば余計にぎこちない感じになりそうです。

どうやって乗り越えたらいいでしょうか？

（K．S．51歳女性）

A

娘さんが東京に行くことの何が不安なんですか？ 新型コロナウイルスの感染とかですかね？ 地方の人はもしかしたら、東京をマッドマックスの世界みたいにおもうかもしれないけど、ぼくは東京で肩パッドの人を30年ぐらい見ていません。

肩パッドの人はバブル崩壊とともにほぼ絶滅しました。本当に東京がマッドマックスの世界になったときに出現するのは、膝《ひざ》や肘《ひじ》を保護するパッドの人ですよね。トリッキーなスポーツをする人や、自衛隊や米軍では採用しているから戦闘に有利なんだとおもうんです。

だから肩パッドにトゲトゲつけてる人って見た目だけを重視した、ただの雑魚《ざこ》です。戦闘における優位性はないので、冷静になれば返り討ちにできます。

新型コロナの脅威度って、それぞれのライフスタイルによって違うとおもうんです。たとえばぼくみたいな免疫力弱めで重症化しやすい人間と、きっと健康であろうあなたの娘さんは脅威度が違うし、免疫力の弱い患者さんのいるような病棟に勤務する医療者とリモートワークができる人も違うし、貯蓄がある人と貯蓄がない人でも違います。

新型コロナの脅威度が高い血液がんのぼく的には、コロナ禍中の東京は過去最高に清潔意識が高く、いたるところで殺菌され、ソーシャルディスタンスがとられていて、陽性者も毎日でていたから地方ほど村八分《むらはちぶ》になるリスクもないし、正直なところぼくはコロナ禍中の東京がとても住みやすかったです。

東京では世界中の料理が食べられるし、エンタメも芸術も再開されたし、文化だって歴史だってあるし、交通も充実していて日本中どこでもすぐ行けるし、おもしろい人もたくさんいて出会いもあります。

ぼくはあなたの娘さんが東京で働いてみたいなら、東京をおすすめしちゃいます。大歓迎ですよ、ぜひ東京にきてほしい。

それとも新型コロナウイルスとかまったく関係なくて、娘さんが自分から離れてしまうのが不安なんですかね。親の不安と心配を理由に、親の目の届くところに子どもを居させるのってどうですかね。あなたも重々わかってるとおもうけど、親の不安を解消するために、子どもは存在しているわけじゃありませんよね。

娘さんがあなたを不安にさせまいという人生を選ぶのであれば、ぼくはそれを応援して、地方暮らしの良さや田舎暮らしの良さを教えて背中押しちゃうとおもうんです。その気になれば6時間もあればだいたい日本のどこでも行けるし、よほどの僻地《へきち》じゃないかぎり2時間もあればどっかしらの都市に行けるでしょ。

「子どもはいつまで経っても子どもなのよ」とか「親はいつまでも子どものことが心配なのよ」とか「親を安心させなよ」みたいな言葉が市民権を得て大手を振っているけど、これ完全に親側の視点と利益しかないよね。

ぼくも親なので子どものことで不安になったり、心配する気持ちは痛いほどわかりますが、子どもの立場になれば過度な親の不安や心配って重荷になりかねないですよ。

10歳と20歳と30歳の女性の生活におけるリスクってそれぞれ違うとおもうけど、子どもが成長しているのに、親が一緒に成長できてないと、10歳のときの感覚で20歳になった子どもを心配しちゃうんですよね。んで「もう子どもじゃないんだから」って周囲からはいわれちゃうの。

ぼくの妻の母は、妻が25歳のころまで妻のお金の管理をずっとしていたんですよ。銀行口座のキャッシュカードも暗証番号も印鑑も管理してて、妻はお小遣いをもらうように母親からお金をもらっていたんです。妻は働いて給与所得がありましたけど、25歳のときまでATMの操作の仕方を知らなかったんです。

結婚したときにそれは解消したんだけど、お義母《かあ》さんにはなかなか抵抗されました。そのお義母さんの根底にあったのが不安だったんです。娘にはお金の管理はできないだろうという不安。それから自分が管理しているお金を返還することで自分の役割がなくなり、自分から離れてしまうという不安。

これって10歳の女の子に対する生活リスクの心配を、25歳の大人の女性にやっちゃったわけですけど、金銭管理ができないだろうと不安だったら、その心配を解消するためにも、お金のこともATMの操作も教えるべきだとおもうんです。でも自分から離れてしまうという根底の不安がそれを邪魔しちゃったんでしょうね。そんな妻も今は35歳、お金の管理はぼくよりもしっかりできています。

不安が根底にある教育って、冷静さを失って無駄に余計なリスクを発生させているようにぼくはおもうんです。冷静さを失えば、肩パッドにトゲトゲがついた雑魚にだってあっさり負けちゃうんですよ。不安で冷静さを失った人は、敵にすると雑魚だから楽勝なんだけど、味方にいると自軍に大打撃を与える存在になるんですよ。

娘さんが本当に誰かに助けを求めるほど困ったときに、あなたを不安にさせまいと相談しない可能性だってあるからね。ぼくは不安になって冷静さを失う人には助けは求めません、相談も報告もしません。

だからあなたはいまのままでいいんですよ、自分が余計なことをいってしまうって自覚しているでしょう。というか旦那さんかお子さんから、かなりキツくいわれたんじゃないですか？

「また要らないことを言いそうで怖くて調べられません」ってあるけど、「また」ってことは、これまでにも余計な口出しして手痛い失敗をしているんでしょう。

でもちゃんと口出しをしないように、我慢しているんだからすごいじゃないですか。それが親の成長だとぼくはおもうんです。子どもがちいさいうちは口出しする回数は多くなるけど、子どもの成長に応じて口出しを減らして、そのぶん耳を傾ける回数を増やしたほうが子どもにとってはいいでしょう。あなただって自分の親からいまの生活に余計な口出しされたら嫌でしょう。

自分の視界から子どもがいなくなるのは不安で心配かもしれないけど、だんだんと目を離さないとね。余計な口出しをして、つきまとって、大人になった子どもを子どものように管理し続ける親ってヤバいでしょ。

そりゃ「親はいつまで経っても子どものことが心配」なんだろうけど、もう一回いうけどそこには親側の視点とメリットしかないからね。不安だったらその不安を子どもにいうのではなく、誰か子どものことを知らない人に愚痴《ぐち》ったり相談するのがいいよ。

子どもと関係のある親族とかに相談しちゃうと、おせっかいでデリカシーフリーな親族が「親を安心させなさいよ」って平等な顔して親側の肩しか持たずに、お子さんに余計な口出しをしちゃうからね。妻の叔母《おば》がこれなんです、うんざりマックスですよ。

だからぼくみたいにお子さんとは関係のない人間に相談するのがいいし、そういう人に心配しなくて大丈夫だよっていわれれば、たぶんきっとその通りなんですよ。

お子さんはお子さんであたらしいステージに行くのだから、不安がないわけないんです。だから尚更あなたが不安を煽《あお》る必要はないし、それをグッと堪《こら》えているのだからそれでいいとおもうんです。

ぼくがいったこと、あなたも重々承知だし、全部理解しているとおもうんです。いわれなくても全部わかっていることだとおもうんです。旦那さんやお子さんにいわれたことに、さらにちょっと釘を刺す程度におもってくれればいいんですけど、ぼくはそのままでいいとおもいますよ。

旦那さんやお子さんからいわれたことに耳を傾けて、気をつけるということができるんだから、上から目線でいうつもりはまったくないけど、すっごいよくやってるじゃないですか。その態度を、ぼくもこれからの子育てで参考にさせてもらいます。

なんなら義母か叔母になってほしかったです。上から目線でいうことじゃないんだけど、ずいぶん高いところからいっちゃいましたね。

子どものことを信じて任せるしかないじゃないですか。いまその真っ最中だから、いまのままでいいじゃないですか。

Q 「おもしろい人」になるには？

幡野さん、はじめまして。

私の悩みは、自分がつまらないことです。

私の思う面白い人は、夢中に自分の好きなものを語る事が出来る人です。

ですが、私は何かに夢中になった経験がなく、自分を構成している部品が何なのか分かりません。

面白い人は、とても輝いて見えます。そんな人が、羨《うらや》ましくて、眩《まぶ》しくて、心が苦しくなります。そして何より、限られた時間を過ごすなら、面白い人と過ごしたいです。

ですが、中々面白い人と仲良くなる事ができません。

自分がつまらないからだと思います。

そこで幡野さんに教えてほしいのです。

幡野さんの考える面白い人はどんな人ですか？

面白い人になるにはどうすればいいですか？

私には夢があります。
自分は面白い人だと自信を持って、幡野さんとカフェでお喋りすることです。
よろしくお願いします。

（きゃん　21歳　女性）

A

こないだ大阪に行ったんですよ、大阪に行くとぼくはいつもお土産に悩むんです。大阪って何を買えばいいんですかね。551はちょっと飽きてしまったし、八ツ橋とか赤福も売ってるけど、それは京都と伊勢やねんってつっこまれそうだし。大阪って日本一お土産に悩みます。

新大阪駅のお土産屋さんでプラプラしていたら、売り子のおじさんに「これ、新発売で大阪限定なんですよ」って声をかけられたんです。語尾の「よ」は大阪のイントネーションです、上にあがります。

ぼくが冷めた東京人らしく何もしゃべらず見ていても「めっちゃ美味しいんですわ」とひたすらおじさんのトークが続きます。もうこれでいいやとおもい、「じゃあ、一箱ください」とお願いすると「ありがとうございます！　ぼくしあわせでーす‼」とおじさんにいわれました。

ぼくはクスリとも笑わなかったんですけど、おじさんがつまらないわけじゃなくて、他人に干渉しない街Ｔｏｋｙｏで生まれ育って、自分が冷めたピザみたいなつまらない人間になってしまったんだと痛感しつつ、他人を笑わせる街Ｏｓａｋａで生まれなくて良かったと安堵《あんど》して、売り子のおじさんのトークどころじゃなかったんです。

おもしろい人ってどんな人ですかね。売り子のおじさんからすれば、ぼくはつまんない人だったとおもいます。というかこういうとき、どういう反応をすればいいんだろう。

ぼくは**おもしろさって、お金と似ているな**っておもっているんです。おもしろい人って、ようはお金持ちみたいなものです。おもしろい人の周りにはたくさん人が集まってきて、おもしろい人は、さらにおもしろい人になります。お金持ちがいろんな人と出会って、どんどんお金持ちになる構図に似ています。

でもそのおもしろさは、狭い範囲でしか通用しないおもしろさかもしれないから、ジャンルや地域が変わるだけで、つまらない人になるかもしれないんです。おなじ理屈で、狭い範囲でつまらない人になっている人だって、他の場所ではおもしろい人かもしれないですよね。

貝貨（ばいか）っていうんだけど、大昔は貝が通貨だったんですって。だから貨とか財とか買とか、お金と関係する漢字には貝って字が使われてるそうです、知らんけど。きっと貝貨の価値だって、海沿いと内陸部と山の奥地では違ったとおもうんです。きっと珊瑚《さんご》とか昆布《こんぶ》とかの価値だって、キノコや薪《まき》の価値だって地域で違ったんだとおもうんです、知らんけど。

「私の思う面白い人は、夢中に自分の好きなものを語る事が出来る人です」、これはまさにそうなんだけど、相手の顔色や反応を読めないと、口をふさぎたくなるほどつまらない人になるから要注意ね。

ペラペラと早口で、相手がすでに関心を失っているのにずーっと夢中で自分の好きなものを語っちゃう人っています。自分の話だけをし続けてしまう人とも、相手の話を奪ってしまう会話ドロボウとも、お茶をしたいとはちょっとおもわないよね。

相手をゲラゲラ笑わせる人がおもしろい人ってわけでもないし、自分ではなく相手のおもしろさを引き出す人だっているし、ぼくはキャバクラとかホストクラブをおもしろいとおもったことがないけど、おもしろいとおもうお客さんがいるから成り立っています。

ぼくは芸術をおもしろいって感じるけど、退屈って感じる人だってたくさんいるよね。おもしろさって価値があることなんです。でも誰にとって価値があるかわかりません。

白状してしまうけど、ぼくは自分がおもしろい人だとおもっていたんだよね。経歴だって人生だってそれなりにおもしろいし、原稿を書いたってインタビューを受けたって反響はいいし、いろんな人と食事に行くけどみんなよく笑ってくれるし。

でも、大阪のお土産屋さんで自分がどこでも通用するわけじゃないって、改めて痛感しました。ありがとう売り子のおじさん。

だからきみも自分がつまらないって自覚するのはいいのだけど、自信を失わなくていいよ。もしかしたらきみは山の奥にいるキノコかもしれないしね。この連載に価値を感じている人にとっては、ここに相談して答えてもらったというだけで、おもしろいことなんだよ。

「幡野さんの考える面白い人はどんな人ですか?」、この質問に答えるなら、周囲のおもしろさに気がつける人が、おもしろい人だとおもいます。出来事だったり、人物だったり、作品だったり、住んでいる街や旅先だったり。**広い範囲のおもしろさに気づける人ほど、ぼくはおもしろい人だとおもいます。**

価値に気づけるということです。貝の美しさに気づいた人は見る目があったんです。きっとお金持ちになったんだろうね。

「清兵衛《せいべえ》と瓢簞《ひょうたん》」という志賀直哉《しがなおや》さんの作品があるんだけど、清兵衛という子どもが勉強もせずひょうたんを作り、そんな清兵衛に激怒した教師がひょうたんを没収し、それを学校の用務員のおじさんが内緒で骨董《こっとう》屋に持ち込んだら、用務員の月収の何倍もの金額で買い取られるんです。

教師に注意された清兵衛のお父さんも怒って、家にあったたくさんの清兵衛のひょうたんを壊して捨ててしまうの。価値に気づける人と、価値に気づけない人の話なんだけど、価値に気づけるって本当に大切なことなんだよ。価値がわからないなら、せめて子どものことを過小評価しないことです。

「私は何かに夢中になった経験がなく、自分を構成している部品が何なのか分かりません」ってとこがぼくは引っかかるんだよね。夢中になったアニメとかマンガとか、音楽とかアイドルとかなんでもいいんだけど、本当に何もない？

そういわれると本当はあるでしょ、でも「こんなくだらないものを……」って自分で自分をディスってない？　きみが制作した作品でもないのに。もしそうだとしたらきみは確かにつまらない人なんだよ。おもしろさに気づけているのに、それをわざわざつまらないって判断している理由をよく考えてみてほしいの。

きみぐらいの年の子にあるあるだったりするんだけど、きみはいままで興味を持つべきものや好きになるべきものを、親に押し付けられたり、きみが好きになったものを親からディスられた経験はない？

ファミレスで食べたいものをちゃんと自分で選んだ？　テレビ番組だったり、部活動やファッションだったり、進学する学校を自分で選んだ？　もしかして親がほとんど決めてきてない？　もしくは友達や先生に好きなものをバカにされたとか、どちらにしてもそういう経験があるんじゃないかな。

とくに女の子の場合、親が決めてしまうってことがよくあるのよ。それでちょうど21歳前後で、だいたい就活のタイミングで自分の好きなものがわからないとか「自分を構成している部品が何なのか分かりません」みたいなことをいっちゃうの。

もしも親がきみのことをなんでも決めてきたのであれば、これから仕事のことや恋愛のこととか結婚のこととか、育児のこととか一生決めてくるからね。それって清兵衛の親と一緒で、子どもの価値や可能性に気づけない人なの。

自分のことがわからない人は、それが楽だとすらおもってしまうの。自分がわからないというのは、自分で考える力がないということなんだ。親や誰かを変えることはとても難しくて、変わるのは自分しかないんだ。

おもしろい人になる第一歩は肯定をすること、とりあえず否定はしない。自分の好きな作品も、きみの周囲で起きる出来事もとりあえず全部肯定して笑うの。そうするだけでまずは、きみはいい人になれるの。

きみはきっと好きなものがあるはず、でもそれを堂々と好きといえないだけだよ。だから堂々と夢中で好きなものを語れる人に憧《あこが》れるんじゃない。

自分はおもしろいってきみが自信を持つには、たぶん何年もかかるとおもうの。何年もかかるけど必ずいつか自信は持てるよ。でもたぶんぼくは死んでるから、自信を持たなくてもいいからお茶でもしましょう。お茶よりもきみが好きなご飯を食べに行きましょう。

好きな料理を語るって、好きなものが目の前にある状態でそれを一緒に食べるから、会話のハードルが低くなって楽だよ。鉄板焼きとか天ぷらとかお寿司のカウンターとかなら調理の様子も見えるからさらに楽です。お金はこの原稿料からだすので遠慮なく。

おもしろさなんて、だいたい自分の半径10メートルぐらいにころがってるものだよ。きみが人のおもしろさに気づけるように、きみのおもしろさも誰かが気づいてくれるから、たくさんいろんな人と会って会話をしてね。おもしろさは今日から稼いで、コツコツ貯金していけばいいよ。

Q 「苦しんだ分だけ報われる」は信じないほうがいい

幡野さん、はじめまして。

僕は今年大学を卒業予定なのですが就職活動に失敗してしまいました。今の時点で内定が0個。そもそも受けた会社の数は10社しかありません。自分でも「何をしているのだろう」と途方に暮れています。

でも、どうしても駄目なのです。面接の会場に行くと全身も声も面接官に心配されるほど震えてしまって、うまく話せなくなってしまいます。人と話すことはそこまで苦手ではないし、友達も人並みにいる方だと思いますが、面接官と話すとなると圧迫感を感じてしまいます。結果は全て一次面接落ちでした。今は情けなくて家でぼーっとしながら、たまに泣いています。

毎日どうしてこんなことになったのだろう、と考えています。能力もお金も足りないから、人よりも必死に勉強して東京の国立大学に入ったのに、僕は東京で何も達成できていません。何も残せていません。苦しめば苦しんだ分だけ将来報われると信じてきたのに、今までやってきたことは全て無駄だったと思うと立ち上がることができません。
どんな言葉でもいいです。幡野さんは「自分に勇気を出させろ」なんて宣《のたま》う人間は嫌いかもしれませんが、僕に勇気が出る回答をくださいませんか。このまま人生を諦めて引きこもったまま死んでいくのは怖いです。希望が欲しいんです。

（シゲ 21歳 男性）

A

「幡野さんは『自分に勇気を出させろ』なんて宣う人間は嫌いかもしれませんが」、うーん、そうだなぁ、嫌いってほどではないんだけど、こっちの言葉をコントロールされてるみたいでわりと面倒くさいかな。

書籍にサインをお願いされることがあるんだけど、たまに「なにか言葉を書いてください」っていわれることがあるの。たぶん座右《ざゆう》の銘《めい》だとか、格言みたいなものを期待しているとおもうんだけど、瞬間的に頭の中で「めんどくせ」っておもっちゃうから、サインの横に「めんどうくさい」って書いちゃうんだよね。

でも勇気をだしてお願いしてきているんだろうし、さすがに申し訳ないから「人生はめんどうくさい」ってそれっぽく書くんですよ。それもなんかネガティブな話みたいだから最終的に「人生はめんどうくさい、だけど生きる価値がある。」みたいにして、しっかり生きて死んだ人っぽい格言っぽいこと書いたんだよね。

そうやってのらりくらりと、てきとうに生きているだけだから、勇気のでる回答なんて期待しないほうがいいよ。そもそもぼくはあなたよりせいぜい年齢がすこし上ってだけで、なにか上下関係があるわけじゃないんだし、そんな下手《したて》にでなくてもいいんじゃない？

ぼくは別に会社の重役でもないし、正社員として働いた期間だって累計で3年ぐらいしかないよ。フリーランスでずっと働いているっていえば聞こえはいいけど、ただ正社員生活が続かなかっただけだし、就活のこととかもよくわからないから、10社受けたというのも多いのか少ないのかもいまいちわからない。

これから先まだ就活を続けるのかやめるのかわからないけど、やめるんだったら10社で正解なんじゃない？　これが20とか30社落ち続けていたら、いまよりももっとダメージあるでしょう。

面接官が心配するほど体も声も震えちゃうって、やっぱ就活なんてやりたくないんだろうし、その状態で面接に受かるともおもえないんだよね。

正社員をずっとやっている人だとまた違う意見なんだろうけど、ぼくはフリーランスの人間なので、正直なところ就活でそんなに落ち込まなくてもいいんじゃない。人生を諦めるだとか、引きこもって死ぬだとか、そこまで考えなくていいとおもうけど。

すこし正社員に幻想を抱きすぎじゃない？　正社員って人生のゴールでもなんでもなくて、ただの雇用形態の一つにすぎないよ。正社員が安定しているって時代でもないし、非正規雇用だろうがなんだろうが、もうみんな不安定な状態だよ。

せいぜいローソクが長いか短いか程度の違いで、風が吹けばどっちも消えちゃうでしょ。給与所得以外に資産でもないかぎり、安定なんてないとおもうけどね。

新卒しか正社員になれないってわけじゃないし、入社したってすぐに辞めちゃう人だっているだろうし、新卒で入社して終身雇用で定年までって時代でもないし、撮影業界もだけど慢性的に人手不足な業界だってたくさんあるし、いくらでも次にうつ手はあるでしょう。

東京って若者が集まるけど、地方に行けば若者は貴重で、あなたみたいな人にぜひ来てほしいってところはザラにあるよ。街中のスーパーで100円で売られてるペットボトルの水だって、富士山の頂上の自動販売機だと500円とかで売られてるの。地域おこしの協力隊とかをやってみるのだっていいよね。

自分の需要や価値が上がる場所に行くことだって一つの手段だし、強者の論理っぽいけど、就職できないなら起業しろってよくあるじゃん。起業だって手段として全然悪くないよ。法人とかじゃなくて、個人事業主としてやるのだっていいし、それで細々とネットで受注した仕事とかウーバーイーツの配達をやるでもいいし、いきなりフリーランスで働くのだっていいじゃん。

生活できる程度にお金が稼げれば、雇用形態なんてなんでもいいとおもうけどね。若いうちなんて、正社員で働こうが非正規雇用で働こうが、どっちみちあんまりお金は稼げないから、なおさら好きなことやったり、嫌なことを避けるのがいいとおもうよ。

どうしても入社したい会社があって、そこで昇進して偉くなりたいなら正社員じゃないと厳しいかもしれないけど、現状は就活につまずいているわけなんだから、やりたくもない就活とやりたくもない仕事で消耗するよりも、他のことで経験を積んで中途入社を狙ったほうが有利かもしれないよ。

コロナが長引いていていまは難しいかもしれないけど、お金をすこし貯めて世界を放浪しちゃうのもいいよ。んで帰国してまた就活するの。面接で卒業後に就職しなかったことをつっこまれたら「就職する前にコロナで変化した世界を見たかったんです」みたいなこといえばいいじゃん。

東京の国立大学を卒業してあえて就職をしなかった体《てい》で、コロナと社会と自分を結びつけて、のらりくらりとそれっぽくいっちゃえばいいんだよ。就活生のバイト話とかサークル話とかボランティア話とかって、きっと面接官ももう聞き飽きているとおもうよ。

それよりもこれから現状を打破する、あなたの話のほうがよっっっぽどおもしろいよ。それからSNSでいいことだけを投稿したり、人のことを褒めたり、ネガティブなことを投稿しない、いい人アカウントを作ってみたら。

就職時にSNSのチェックをされるんだろうし、チェックされることを前提にもってたほうがいいよ。過去の投稿やアカウントを消したりする人もいるんだろうけど、逆に積み重ねていったほうがいいよ。ぼくは履歴書よりもSNSの投稿のほうがよっぽど人柄がでるとおもうよ。

ベン・スティラーが監督と主演をした『LIFE!』って映画みたことある？　ぼくの大好きな映画の一つなんだけど。主人公はネガティブで妄想癖があるちょっとダメな人なんだけど、応援したくなるんだ。

そのちょっとダメな主人公は旅をしながら成長していくの。オドオドとして自分の意見も全然いえないんだけど、最後には自信を持った人に成長するって映画なんだけど、自信を持つにはやっぱり経験が必要なんだよね。経験ってみんな成功経験を求めがちだけど、失敗経験だって大切だよ。主人公は映画の中でたくさん失敗するのよ。

あなたもＳＮＳに失敗も含めて経験をたくさん投稿していたら、見た人はきっと成長を感じて応援したくなると思うよ。

あなたは就活の失敗で世紀末でもきたかのようなショックを受けているけど、いままでにちゃんと失敗を経験してきた？　極端なことをいえば、5歳のときにコップに入ったお茶をちゃんとこぼした？　子どものときに年齢に応じた失敗を経験していたほうが、大人になったときに失敗を受け入れられるんだよね。

5歳の子どもがコップをひっくり返すなんて、どう考えても大した失敗じゃないでしょ？　でもすごく怒る親や、失敗をさせないように先回りしてしまう親がいるのよ。21歳で就活に失敗したことだって、37歳のぼくからすると大した失敗じゃないんだけど、親からすれば受け入れられない人もいるとおもうんだよね。だから就活に失敗したことと、これからどうするかを親に伝えて反応を見てみなよ。

怒られちゃうようなら、相手にしないで好きなことすればいいし、心配して応援してくれるなら、好きなことすればいいよ。つまりどっちにしても好きなことすればいいよ。世紀末まで80年もあるんだし。

あなたは勇気が足りないから、ぼくに勇気がでるような言葉をかけてほしいのだろうけど、勇気ってなんぞや？　ってことを考えてほしいんですよ。あたらしいことに挑戦したり、できなかったことをリトライするときって勇気が必要だよね。だって失敗する可能性があるわけじゃないですか。

だから勇気って、「失敗をする勇気」だとおもうんですよ。絶対に失敗が許されないのなら、挑戦なんて不可能ですよ。失敗することを織り込んで、挑戦をしたりリトライをしたほうがずっといいよね。

失敗って言葉をリスクに言い換えると、リスクがなければリターンは基本的にないよ。仕事だろうが恋愛だろうがなんでもそう。フラれるリスクをとらなければ、誰かと付き合うリターンはないよね。恋愛の失敗を防ぐ最大の方法は、好意を相手に伝えないことですよ。

あなたは失敗する勇気が足りないから、失敗を人生に織り込めるようになったほうがいいよ。就活に失敗しただけで、必死に勉強して大学に入ったことや、いままでにやってきたことがすべて無駄になるわけないじゃん。人生を諦めるだとか、死ぬだとかもちょっと早い。短絡《たんらく》的すぎだ。

「苦しめば苦しんだ分だけ将来報われると信じてきたのに」ってあるけど、これは信じないほうがいいよ。苦しんだことで報われることが確定するわけないじゃん。それはフィクションの世界の話、そのフィクションは苦しんでいる人を慰めるためのものだよ。現実はそうじゃなくて、人生は苦しまないほどいいよ、マジで。

苦しんだことで、報われたときのよろこびは増すかもしれないけど、それはギャンブルの賭け金とおなじだよ、大金を賭けようが外すときは普通に外すよ。

人生を悲観してメソメソしていないで、また立ち上がってください。

Q 30年前の普通、コロナ前の普通、いまの普通は全部違う

32歳のOLです。婚活が上手くいきません。婚活アプリや合コンに参加したり、友人から男性を紹介してもらったりと自分なりに手を尽くしています。

約2年で20人ほどの男性と会い、食事をしたりデートを重ねたりしましたが、お付き合いする形にはなりませんでした。良いなと思った方からは連絡が途絶え、凹《へこ》む日々が続き、ストレスで胃腸炎にもなりました。体調を崩してまで婚活している自分が馬鹿らしくも思いますが、年齢的にも早く良いお相手に出会いたく、なんとか頑張っています。年齢を重ねれば重ねるほど、需要が無くなる気がして怖いです。1人でただただ年齢を重ねていくことが恐怖です。24時間すべて、自分の時間であることに虚無感を抱きます。結婚せずに楽しく有意義に生活していらっしゃる方も大勢いますが、私はどうしても結婚もしたいし子育ても経験したいと思っています。大人になれば、当たり前に結婚して出産して子育てをするものだと思っていました。結婚という当たり前の事が私はできないんだと思うと苦しく涙が出てきます。

（あいぷん 32歳 女性）

A

ぼくの周りでも婚活をしている友達がいるんですけど、けっこうみんな苦戦をしているな……という印象があります。ぼくの友達もあなたとおなじで、出会えてデートや食事はしているけど、お付き合いにはいたってないようですね。それに婚活の構造として、「次にもっといい人が来るかも」という期待もあるから、決断だって難しいですよね。

いつかいい出会いがあるよ、って励ましの言葉があるけど、安易ながらも真実だとおもうんですよね。タイミングと相性に大きく左右されるわけで、運というよりはご縁なんでしょうし、いつなのかわからないけど、いつかはいい出会いがあるんでしょう。

婚活って費用もけっこうかかるじゃないですか。結婚相談所でも独身証明書とか収入証明書の提出が求められるような安心感が高いところほど費用も高くなります。マッチングアプリや合コンには既婚者がいるリスクもあるし。それに出産を希望している女性の場合、年齢的な焦りもあるのだろうし、自分の加齢についての捉え方が男性と女性でずいぶん違うし。

経済産業省の調査によると結婚相談所の成婚率は10%程度らしいんですけど（少し古いデータだったんですけど）、結婚を望む男女が登録をして、仲介をしてくれる人がいて成婚率10％ってなかなか厳しいですよね。だから婚活って、不利な戦いに挑んで苦戦をするってことを、まずは覚悟したほうがいいとおもうんです。

ぼくの周りの婚活をしている女性は「普通の男性でいい」ってことをいいます。たぶんあなたも高望みをしているわけじゃないですよね。でもこの**「普通」が厄介《やっかい》**なもので、なにと比較した普通かってことなんです。

自分がいままでに付き合った男性を平均値化した場合の普通なのか、自分の職場や生活圏内にいる普通の男性なのか、はたまた社会的に普通といわれる男性なのか、ドラマに出てくるような男性なのか。

普通の年収、普通の仕事、普通のルックス、普通の性格、普通の身長、普通の趣味、普通の学歴。確かに一つ一つは普通なのかもしれないけど、普通の男性だって普通という役がたくさん揃えば、役満《やくマン》男性になるでしょう。

そんな普通な男性がいたら、普通需要の高い婚活市場ではすぐに成婚しちゃうんでしょうし、普通の男性には普通の彼女がいちゃうものだったりします。

ちょっと低い年収、すこし変わった仕事、細身のルックス、いい性格、おもしろい趣味。みたいなデコボコとしている人のほうが現実的には多いし、それが人の魅力だともおもうので、男性の普通を減らしていくってことは有効なんじゃないですかね。

似たような話で、「妥協してまで結婚したくない」って意見を女性からも男性からもよく聞くんですけど、それがやはり苦戦をしてしまう原因だとおもうんです。

正直なところ、年収なんていちばん妥協できる点だとおもうんですよね。年収は変化するからです。現在の年収よりも、**金銭感覚**や**お金のリテラシーの高さ**を重要視したほうがぼくはいいとおもいます。

ルックスだって加齢とともに変化するから、**変化しにくい性格**や**価値観の相性**を重要視したほうがいいとおもうんです。年収やルックスが原因で離婚する夫婦よりも、金銭感覚や性格の不一致で離婚する夫婦のほうが圧倒的に多いとおもうんですよ。

そう考えたら、一般的に離婚理由になるものは妥協せずに、離婚理由にならないものはどんどん妥協していったほうが、婚活は楽になるとおもいます。

あなたが年収やルックスをどこまで気にしているかわからないけど、いまは共働きが多いので世帯年収で考えたほうがいいだろうし、子育てを希望しているなら当たり前のように家事育児をする男性がいい。家事については家の中を見ればある程度判断できるけど、育児をする男性かどうかは正直なところまったくわからないですよね。

ただ人にお金を使えない人って、配偶者や子どもにもお金を使おうとしないので、個人的には一つの判断基準になるかなっておもいます。

あなたは自分で年齢を重ねるごとに需要が下がっていると感じているそうなので、需要と供給の話を例に出すと、需要側の男性を消費者、供給側のあなたを生産者にたとえた場合、需要が下がるっていうのは、市場での価値が下がっているということだとおもうんです。

美容や健康にコストをかけたり、共働きの時代なので自分の収入を増やしたり、というのは品質の向上です。それでどんなに品質がよくなったとしても、消費者と生産者で希望金額がうまく合わなければ取引は成立しません。

だとすれば、価格を下げるというのは真っ当で有効な手段だとぼくはおもうんですよ。もちろんあなたに値札が付いているわけじゃないんだから、男性の普通基準をグッと下げるってことです。それは妥協ではなく戦略です。

あと大事なのは、婚活は女性だけが生産者側にいるわけではなく、男性も生産者であるということです。お互いが値踏みして、お互いが「次にもっといい人が来るかも」という心理になるから難しいんだけど、そもそも結婚って二人の合意でするものなので、需要っていう考え方がずれているかもしれませんよ。

婚活って、出会った時点で結婚が前提なのがかなりハードルを高くしているようにもお

郵便はがき

1510051

お手数ですが、
切手を
おはりください。

東京都渋谷区千駄ヶ谷4-9-7

(株) 幻冬舎

書籍編集部宛

ご住所 〒
都・道
府・県

フリガナ
お名前

メール

インターネットでも回答を受け付けております
https://www.gentosha.co.jp/e/

裏面のご感想を広告等、書籍のPRに使わせていただく場合がございます。

幻冬舎より、著者に関する新しいお知らせ・小社および関連会社、広告主からのご案内を送付することがあります。不要の場合は右の欄にレ印をご記入ください。 不要 □

本書をお買い上げいただき、誠にありがとうございました。
質問にお答えいただけたら幸いです。

◎ご購入いただいた本のタイトルをご記入ください。

『　　　　　　　　　　　　　　　　　　　　　　　　』

★著者へのメッセージ、または本書のご感想をお書きください。

●本書をお求めになった動機は？

①著者が好きだから　②タイトルにひかれて　③テーマにひかれて
④カバーにひかれて　⑤帯のコピーにひかれて　⑥新聞で見て
⑦インターネットで知って　⑧売れてるから／話題だから
⑨役に立ちそうだから

生年月日	西暦　　　年　　月　　日（　　歳）男・女			
ご職業	①学生	②教員・研究職	③公務員	④農林漁業
	⑤専門・技術職	⑥自由業	⑦自営業	⑧会社役員
	⑨会社員	⑩専業主夫・主婦	⑪パート・アルバイト	
	⑫無職	⑬その他（　　　　）		

ご記入いただきました個人情報については、許可なく他の目的で使用することはありません。ご協力ありがとうございました。

もうんですよね。ぼくは結婚してますけど、うちの妻だってぼくと結婚することを前提に出会っていたら、たぶん付き合わなかったんじゃないかな。どう考えたって慎重にならざるをえないでしょう。

32歳で独身の女性って、東京で生活するぼくの価値観からすると、普通だよなっておもうし、まだいくらでも結婚できるでしょってもうけど、結婚を前提とした婚活が結婚のハードルをあげているような気がするんですよね。

結婚を意識しないで付き合っていくうちに結婚を意識する自由恋愛や、一昔前みたいに仲人《なこうど》や親族が「この人どうかしら」って決めるようなお見合いのほうが、成婚率だけでいえばきっと高いとおもうんですよ。

婚活って自由恋愛とお見合いのハイブリッドみたいになってますよね。うまくいく人はいるのだろうけど、ちょっと難しいですよね。個人的には子どものことは別問題として、社会的にもっと離婚と再婚のハードルが下がればいいのになってもいますよ。そうすればもうちょっと結婚のハードルも下がるでしょ。

あなたは結婚相談所にはまだ登録をしていないんですよね。成婚率が高いわけじゃないけど、なんだかんだでぼくは結婚相談所をおすすめします。費用はちょっと高いけど、アドバイザーやコンサルや仲人みたいな人がいますよね。たくさんのケースを見てきて知識も情報量も違うわけです、つまりプロですよ。そんな人を味方にできるってかなり大きいでしょう。

20人の男性と出会って食事やデートをしても、お付き合いに発展しなかったわけですから、一度見直しは必要だとおもうし、自己判断だけじゃなくてプロの意見を聞いてみるのも有効でしょう。

就活とか婚活とか、なんか活動ばっかりで疲れますよね。活動というよりも競争に近いよなっておもうけど、みんな他の誰かの人生と比べてがんばってますよね。

「大人になれば、当たり前に結婚して出産して子育てをするものだと思っていました」ってあるけど、結婚や出産や子育ては当たり前のことでも普通のことでもないですよ。これ男性もおなじことというんですよね。

生涯未婚率って30年前から増加していて、いま男性はだいたい28%、女性がだいたい18%だそうです。30年前は男性はだいたい5%、女性はだいたい4%です。出生数だってバブル絶頂期の30年前よりずっと前から下がり続けているし、非正規雇用の割合だって30年前に比べると激増です。

30年前の普通でいえば終身雇用で就職して、結婚して子育てして、男性は仕事、女性は家庭という描写がアニメとかドラマとかにはよくあったけど、いまとはずいぶんギャップがありますよね。

普通って変化しないように感じるかもしれないですけど、時代や地域でコロコロ変わる流動的なものだとおもうんです。10年前の普通だっていまの普通と違うし、コロナ前の普通といまの普通も違いますよね。普通と普遍って違うんです。

ぼくは普通なんてまったく気にしません。せいぜいその人やその時代にとっての普通なのであって、流動するものなので、競争もがんばることもできないんですよね。なんか心が風邪をひきそうじゃないですか。人生で苦しむほうを選ぶってもったいないよ。

だからまずは、結婚と出産を当たり前っておもわないほうがいいですよ。だからといって諦める必要はなくて、婚活市場のことは頭に入れつつも、市場外で生きることだって視野に入れることも必要だとおもうんです。

人生なんてどうなるかわからないんだから、どうなってもいいようにいくつかプランがあったほうがいいよね。なるべく早く、いい出会いがあることを願ってます。

未来の孫や子どもの配偶者を想像すると、子育ての視野が広がる

Q

こんにちは。

いつも幡野さんの言葉や、考え方が好きで拝見しています。

写真はある程度いけばどれも一緒に見えていたのですが、幡野さんの撮る写真は、ビー玉みたいな、その場を切り取ったようで、初めて写真に対して好きだと思いました。ありがとうございます。

私の悩みは、これからの新婚生活と産むかもしれない子供のことについてです。

私は子供が苦手です。

以前、幡野さんは子供は親の鏡と仰《おつしや》ってましたね。

そんなところが堪《たま》らなく苦手です。

一瞬でも可愛くないと感じてしまうことが怖いです。

自分の一挙一動がその人の人生を変えてしまうかと思うと怖いです。

正しさがわからないところが怖いです。

恐ろしいし、逃げたくなっても、距離を置くことができても、無かったことに出

来ないところが怖いです。

もし愛せなかったらどうしよう。

そんな私の気持ちを旦那に伝えたら、

「心配しなくていい」「母親らしくなくても絶対に責めない」「もし君が育児放棄したら僕が面倒をみるよ」「気楽に考えて」と言ってくれました。

すごく嬉しかったです。

でもその反面、産まなくてもいいよと言われなかったことがとってもとっても怖くなりました。

私は母も父も、姉妹も大好きです。

そして、旦那のことも大好きです。

それ以上は要らないんです。

でも、父も母も、旦那も子供を欲しがっています。大好きだから期待に応えたいです。

旦那に「私は子供が欲しいわけじゃなくて、あなたが好きだから産むだけだ」と言っています。

「それでもいい」と言ってくれる旦那を優しいと思うけれど、「産まなくていいよ」と言って欲しかったです。

そして、何より私は、私よりも愛されるであろう子供に生まれる前から嫉妬《しっと》しています。

旦那は生まれてくる子に、生前贈与をしたいと言っていました。

私は、彼のお金なんだから好きなように使って欲しいと言いましたが、強烈に嫉妬しました。

私は大好きな自分の家族にもそんなことしてもらってない。

彼自身のために使うのではなく、ましてや私に使うのではなく、子供という新参の人間に使うのかと嫉妬しました。

子供が愛される＝私が蔑《ないがし》ろにされる
なんてことはないはずなのに、嫉妬と不安が止まりません。

それでも、一度も「じゃあ２人で生きて行こうね」と言われたことがないので、私は多分産むと思うのです。

幡野さんは、子供が最初から好きでしたか？

なにかお守りになる考え方を一緒に考えていただけると嬉しいです。

長文失礼しました。


（ハーモニカ　27歳　女性）

A

結婚おめでとうございます。ぼくは結婚したばかりのころ、子どもはほしくないとおもっていました。理由は簡単です、子どもが嫌いだったからです。飛行機や新幹線で子どもが騒いでいたり、泣いていたりするとストレスを感じていました。

ぼくは子どもがほしくなかったけど、妻は子どもが大好きで、子どもがほしかったんです。人生設計としてはお互いの主張が真逆なわけですよ。結婚して5年ぐらい経ったころに、妻が希望する出産年齢に近づいたこともあり、子どものことについて話し合ったんです。

ぼくはこのときに離婚も覚悟していました。でもぼくが出したいくつかの条件を飲んでもらえることになったので、子どもを育てることに同意しました。

条件といってもぼくにメリットがあるわけではなく、あくまで子どもや家族にとってメリットがあることとです。たとえば仕事を第一にしないとか、お互いに趣味を継続するとか、生活をカツカツにしてまで節約をしないとか、そういう条件です。

それから子育てについて勉強をしました。子育てにはお金がかかると知ったので、お金のことを勉強しました。子育てをするとイライラしてしまうことも知ったので、怒りや感情をコントロールすることも勉強しました。

子どもにいってはいけない言葉や態度、子どもにどう接すれば適切なのか勉強しました。産後うつや、育児ノイローゼについてや、口うるさい妻の親族の口をふさぐ方法など、浅く広く勉強をしました。

「子どもっていいよ」的なウザさがあって嫌なんですけど（ぼくもこれをやられて本当に嫌だった）、子どもって不思議なもので、いないときはほしくないっておもってましたけど、いまは子どもがいない生活は考えられません。

子どもができる前は夫婦二人でいいじゃんっておもっていたけど、いまは家族三人でいいじゃんっておもいます。でももしも独身だったら独身でいいじゃんってきっとおもうし、動物を飼ったら動物を家族にすればいいじゃんっておもうし、離婚をしたら離婚っていいじゃんってきっとおもうんですよ。**結局人生なんてどれでもいいんですよ、いまいる人生しか見えないいんだし。**

以前は子どものことが嫌いだったけど、いまは子どものことが好きですよ。子どもを目に入れたらしっかりと痛いし、食べたくなるほどかわいいってわけじゃないけど、イライラすることもなく、勉強したことを元に子育てについて仮説を立てつつ実践しています。

飛行機や新幹線でちいさい子どもが騒いでいても気にならなくなったし、ファミレスなんかだと子どもがいれば安心するようになりました。子どもが嫌いだった経験すらも子育てに活きてます。

あくまでぼくの経験だけど、人は変わるなっておもいますよ。でもだからといって「子どもっていいよ」的なことをいう気はもちろんサラッサラないですけどね。

結婚をする段階で子どもについて夫婦でしっかり話し合っているのはいいことだとおもうけど、いいことついでに「『産まなくていいよ』と言って欲しかったです」ってことや、生前贈与をすることに嫉妬していることを旦那さんに伝えてみたらどうですか？

夫婦だからといって相手の考えてることなんて、まっったくわからないですよ。察してほしいとか、理解してもらえないとか、こんなことまでいわなきゃわからないのか？って配偶者に怒る人ってけっこういるんですけど、どう考えたって言葉にしなきゃ伝わりません。

旦那さんは人生設計として子どもがほしいわけだから、「産まなくていいよ」なんてことはそりゃいわないですよね。子どもに生前贈与することを嫉妬されるなんてきっと寝耳に水がダラダラですよ。旦那さんがあなたにかけてる言葉って、とてもいいことといってるじゃないですか。あなたからすれば満点じゃないのかもしれないけど、そんなのお互い様ですよ。

言葉にするのって勇気がいるし疲れますよね。夫婦喧嘩《げんか》になりかねないし、もしかしたら嫌われるかもしれないし。本音をいわずとも察してくれれば楽なんだけど、言葉にするコストやリスクを払わずに、自分がいってほしい言葉を求めたり、子どもにお金を贈ることをやめてほしいというあなたにとってのメリットを得ようとしたりするのは、そりゃ無理でしょう。

旦那さんがけっこうな資産家なのかわからないけど、子どもが贈与されたお金を使えるまでには20年近くあるわけだから、あなたたちが運用をして、資産を増やしたほうがいいんじゃないかなっておもうけどね。旦那さんがいま60歳以上ってわけでもないでしょう。

資産の内容と運用方法と物価上昇率は見極めたいところだけど、なんにしても旦那さんにとっては生前贈与が愛情の一つの形だとおもうんですよ、でもあなたがもらっていなかった愛情の形ですから、嫉妬しちゃうわけですよね。

たまたま生前贈与で嫉妬が自覚できたけど、きっとこれからも嫉妬することってあるとおもうんですよ。でも嫉妬を自覚できただけでかなりいいことだとぼくはおもいますよ、無自覚に子どもに嫉妬しちゃう親っているんですよ。自分が経験した無駄な苦労を新参者の若い人にさせたがる無駄にアホな先輩や上司もいますよね。

でもぼくも子育てをしていて、ぼくは自分が子どものころにこんなことしてもらえなかったなって感じること、けっこうあるんですよ。自分の子ども時代をおもいだして、虚《むな》しさや寂しさを感じて息苦しくなるときがあります。

でもだからといってぼくの子ども時代の無駄な苦労なんて、新参者の息子には関係のない話だし、いろんな形の愛情をいくつも与えることで、息子が大人になって子育てをするときに（もちろん息子がそれを望めばの話だけど）ぼくが感じる息苦しさを経験しなくて済むんじゃないかなっておもうんですよ。

鬼が爆笑してしまいそうな話だけど、ぼくは息子が大人になったときに子育てで困らないように、息子の配偶者と息子の子どもが困らないように子育てをしているつもりなんです。身体的にも心理的にも圧倒的に親のほうが強いわけだから、親が子どもに嫉妬したら子どもは太刀《たち》打ちできないよね。だから圧倒的に手加減をしてハンデをあげなければいけないっておもってますよ。

別にお守りってわけじゃないけど、孫や子どもの配偶者のことを考えてみると、子育ての視野がすこし広がりますよ。あと嫉妬を自覚することはすごく大切だとおもう、自覚をするだけでブレーキがかかるよ。自覚がない暴走特急のほうがよっぽど怖いとおもうよ。

だから旦那さんと一度本音で話し合ったほうがいいですよ。旦那さんは子どもがほしくて、あなたもその期待にはこたえたいわけでしょ。おおむね子どもを産むことには同意しているのなら、あえて子どもを産みたくないって主張をして、生前贈与をやめるってことを条件として提示することはできるよね。

正直なところ、死ぬまでに使いきれないほど資産があるとか、旦那さんの年齢が高いとか持病があるとか、死と隣り合わせの仕事に従事しているとか、死と隣り合わせの趣味がある、みたいなわけじゃないかぎり、あなたにストレスをかけてまで生前贈与しなくてもいいんじゃないかなってぼくもおもいますよ。

むしろそこまで資産があるなら、あなたにも経済的なメリットがあるように交渉するのもいいんじゃないですか。お子さんだけでなくあなたにもお金が流れれば、またすこし気持ちも変わるでしょ。

生々しい話だけど、ちいさい子どもに大金を渡しても効果を発揮できないし、それでいて子どものために預金して、銀行に眠らせるのは物価上昇で損をする可能性が高いから、うちはジュニアNISAで運用してます。

それに妻には一般的な金額よりも高い生活費を毎月渡しています。そうすることでぼくも気兼ねなく好きに買い物できるし、妻もお金の心配をしないし、結果として息子も笑顔になるから家族それぞれにメリットがあるんですよ。家族の話し合いって、全員にメリットがあるところで手を打つことで、自分のメリットだけを求めることではないですよ。

そもそも子どもが生まれる前から生前贈与って発想はなかなかしないとおもうんですよ。しかも祖父母じゃなくて父から。もしかしたら旦那さんにも事情があるのかなっておもうけど、そのあたりも聞いてみたらどうですか？　旦那さんにはあなたにいっていない本音があるかもしれないですよ。

よそと比較するほど、子育てはうまくいかない

Q

幡野さんはじめまして。

私は、3歳と1歳の女の子を持つ父です。

子育ての悩みです。

と言いつつ、本当は子供ではなく妻に対する悩みの方が大きい気がします。

私は、幡野さんの著書を読んでいて共感できる部分が多く、子育ての方針も見習わせていただいています。とくに子供を怒ることに対して否定的な部分は、妻にも常日頃から伝えています。

だからこそというのも失礼だと思いますが、どこまで子供を怒らずにいるのかを夫婦で悩んでいます。

3歳の長女は、イヤイヤ期というのでしょうか？　とにかく言うことを聞かない時期になりました。

といっても、何を言われても反対の事を言うというのではなく、「遊びたい」や「おしゃべりしたい」という欲求のままに突っ走っている感じです。

ご飯を食べていても、おしゃべりばかりで全然進まない
歯磨きをせずに笑いながら逃げ回る
いつまでたっても「パパと遊びたい」で夜がふけていく
といった状態で、私が帰宅してからだけでも嵐のようにエネルギッシュです。
最終的に寝付くのが22時を回っていることも珍しくないので
さすがに3歳児としては遅いよなぁと思っています。
次女はまだ1歳ということもあり、あまり手がかからないのですが、長女が常にうるさくしているので、お昼寝も、夜の睡眠も強制的に短めです。
問題は、24時間この状態を切り盛りしている妻のストレスが限界値を超えることがあり、結構な剣幕《けんまく》で怒ることがあるようです。
「あるようです」というのは、私が見えている範囲での状態から考えると、一人の時はもっとひどいのだろうと考えていて、妻もそう言っています。
私が見ている限りでは、着替えのときに「じっとしててよ」と言っただけなのですが、着替え始めてすぐ、少し動いただけでとんでもなく冷たい目とトーンで威圧するようにしていた時がありました。
この状態はまずいと思い、子供が寝静まってから話をしましたが、何を言っても

きかない長女へのストレスが限界値を超えると、かなり辛くあたっていたようです。辛く当たった後は自己嫌悪に陥り落ち込んでいるのですが、それがまたストレスに拍車をかけて悪循環に陥っています。

（※中略）

私も寝かしつけてから洗濯や食器洗い（食洗機ですが）等の夜まで残せる家事は担当していて、極力妻の負担を軽減していますが、私は仕事もありますのでやれることには限界があります。

24時間専業の妻の沸点が低くなるのも、肯定はできませんが理解はできるのです。

冒頭に、幡野さんの子育てに共感しているとか言っておきながら「幡野さんだって、線引きをした上で子供に叱っていることもあるんだろう」「奥さんに保育士経験があるから上手く回せているんだろう」などという、全く根拠のない憶測を頭の片隅でしてしまっています。

私は子供の状態を見るときには「大人に気を使いだしたらヤバい」くらいに考えています。

今の所その徴候はまったくなく、日々好き放題に子供らしくおふざけ全開です。

（だから大変なのですが）

外に出ても、スーパーの店員さんに大声で話しかけたりするくらいのコミュ力を発揮し、見ず知らずの大人にも積極的です。

誘拐犯にもニッコニコで付いていくだろうと言っているくらいです。

だから、まぁ今のところは大丈夫だろうと思いつつも、考えすぎる妻の性格からくる悪循環のブレーキは必要だとも思っています。

他人からすれば、なんの問題もない子どもたちに見えると思いますし、実際元気すぎるだけでメチャクチャかわいく良い子たちです。

贅沢な悩みだと思います。でも、世の中のお母さんはこういったことでみんな悩んでいるのかもしれないし、それをどうサポートしていいのかわからないお父さんもたくさんいるんだろうなと思います。

幡野さんが私の立場だったら、妻にどんな言葉をかけ、子どもたちをどう育てていきますか？

（大納言 31歳 男性）

※紙幅の都合上、一部省略させていただきました。

A

ぼくの書籍とか他の媒体で書いた育児に関する文章とかを読んでくださっているんだろ

うし、「幡野さんが私の立場だったら……」という相談なので、赤裸々《せきらら》にうちの内情をお教えしますけど、これを聞いたところで環境がまったく違うからマネは難しいと思います。だから参考程度に受け止めて、それをご夫婦で咀嚼《そしゃく》して、家庭環境にあった落としどころを見つけてください。ちなみにこれ、妻と一緒に書いています。妻は幼稚園教諭を10年経験して、いまは保育士のパートで3年目です。

まず妻が、「保育士は子どもが好きな人がなるけど、保育士だから子育てが上手いわけじゃない」「子どもが好きでも子育てが上手くいかない人はいる、そういう家庭は多いんじゃない？」ということを主張しています。

そしてぼくは子どもを叱ります、ただ怒らないだけです。怒ると叱るは違います。たとえば大声や威圧的なトーンの声を出さない、テーブルを叩いたりモノを投げたり、馬鹿にしたり、恥ずかしいおもいをさせたり、叩いたり殴ったりということはしません。

でも指摘をしたり注意すべきことはします、だって子どもは知らないことばかりだからです。職場で新人に仕事の説明をする感覚に近いです。

子どもにいうことを聞かせることが目的である場合、怒るという手段ははっきりいって有効性が高く、効率的だとおもうんです。恐怖や不安を煽れば子どもはおろか、大人だってコントロールできます。

でも、そういう教育を受けた子どもが大人になったとき、他人にいうことを聞かせようとして暴力や威圧を使ってしまうとおもうんですよ。そんな人、職場でも家庭でも孤立しますよね。

怒るというのは短期的には効果があるけど、自己嫌悪もあるのだろうし、あまりいい結果にはならないとおもいます。我々やその上の世代には褒めて育てるなんて考えがなかったので、厳しく育てられた人が多いとおもうから、結果としては厳しい社会になりましたよね。ぼくには優しい社会だとはおもえません。

暴力や暴言はいけないという教育を子どもにする必要があるのに、親が子どもに暴力を振るったり、配偶者に暴言をはいていたら、すごく矛盾しているとおもうんです。そして子どもはそれを有効な手段として認識してしまうでしょう。

怒らないで叱ってくれる上司のほうが、圧倒的に部下から支持されますよね。子どもにはそういう人になってほしいし、そういう教育をしていれば子どもからも支持されます。

なのでぼくは、**子育てを長期的に考えたときに、怒らないほうがいいと感じているだけ**です。

すこし前に、息子の保育園のお迎えに行ったときにある違和感を覚えました。息子の友達の親に「ゆうくんは背も大きくて、言葉も上手でうらやましい」っていわれるんです。

そこまではいいですけど「うちの子は全然ダメで……」と自分のお子さんを目の前にしてディスったりしちゃうんです。自分のお子さんの成長とよそのお子さんを比較しちゃうんですよ。

あるいは自分の子育てと、うちの妻が保育士であることの比較とかもしちゃうんです。この比較してしまう理由って、劣等感や焦りだとおもうんです。劣等感や焦りの原因って不安だとおもうんですよ。

保育園にお迎えに行くと、みんなめちゃくちゃ不安なんだなって感じます。たぶんあなたの奥さんも不安なんだとおもうんですよ。

そういう不安はぼくの妻にはないそうです。じゃあなんで不安がないか、いま妻とぼくで50分ぐらい話したんですが、結論としてはやっぱり保育士さんだからだとおもいます。うちの妻は息子とおなじ年齢の子どもを受け持っているんです。4歳と3歳の子どもがいるクラスです。つまり年齢に応じたできることとできないことの幅を知っているんです。だから息子のできることもできないことも受け止められるんだとおもいます。

あと子育てって非効率的なことが多いじゃないですか、それでイライラしちゃうこともあるんだろうし、効率的な選択ってやっぱり必要だとおもうんですよ。

乳児のときって夜中に何度も起きてミルクをあげるじゃないですか、あれだってきっと理想の夫婦像としては、パパもママも一緒に起きてミルクをあげるってことなんだろうし、一方が寝てたらそれに怒っちゃう人もいるわけじゃないですか。

もちろん片方の親にばかり負担がかかるなら怒っても当然ですが、片方が寝て体力を温存して、片方がミルクをあげたほうが効率がいいってこともあるとおもうんです。あの人が残業しているから私も帰れない的なことや、おれが残業しているのにあいつ定時で帰りやがって的な昭和の価値観で子育てをしちゃうと共倒れしちゃうし、継続も難しいとおもうんです。

妻はそのあたりを気にしてくれていたので、息子が2歳ぐらいまで妻が授乳するときは、ぼくは耳栓を使っていました。泣き声ってプレッシャーになるじゃないですか。耳栓で泣き声を半減させたほうが、ぼくにとっても妻にとってもストレスになりませんでした。もちろんぼくがミルクをあげるときは妻を起こさないようにしてました。

ほかにも、いま妻に教わって勉強になったのは、うちの息子にお腹にしかプリントや柄がないパジャマを着させていることです。そうすると子どもは、パジャマを前後間違えて着ないんだそうです。

パジャマの前後を間違えちゃうのってかわいいじゃんってぼくは笑ったんですけど、必死に子育てをしていると、それを笑えなくなってしまうと妻はいっています。

あと子どものご飯って大変だと思うけど、うちはもう息子が嫌いなモノを無理に食べさせないようにしていて、好きなものばっかり食べさせてます。晩御飯のメニューを決めるのはいつも息子です。

昨日はミートソースのスパゲッティを作りました。そのほうが勝手にモリモリ、おいしーっていいながら食べてくれるからです。野菜なんて全然食べません。親が美味しそうに食べてるのを見ているだけです。

最近日清のどん兵衛にぼくはどハマりしているんですけど、息子がうどんを食べたいって日は、関西版のどん兵衛ですよ。

マックを食べたいって日は、デリバリーのマックを注文してますよ。インスタントとかレトルトとかすんごい楽だし、美味しいですよ。

でもこれもきっと理想のパパ像とはかけはなれているでしょ。理想のママとかパパを本気でやろうとしたら、疲れるとおもうんですよね。ぼくには無理ですわ。手を抜くところはどんどん抜く、妻にも抜けるところはどんどん抜いてもらってそこはぼくが負担する。細かいところまで気にしすぎない。それが継続させるコツだとおもってます。

あとよそのママとパパと自分たちを比較するのも疲れるとおもうんですよ。まさにあなたのことなんだけど、参考程度でいいとおもうんですよ。ぼくだってどっかの理想パパや理想ママと比べることはしません。

そもそもぼくは本業がフリーの写真家であって、時間に融通《ゆうずう》がききます。おそらくあなたは会社員ですよね。そしてあなたの奥さんは専業主婦か育休中なわけですよね。うちの妻はパートで働いています。この時点で参考にならないと思います。

うちも経済的なことだけをいえば、妻が専業主婦でも成り立ちます。でも、子どもと妻が離れる時間も必要だと思ったから、ぼくの希望で働いてもらっているんです。

妻は週4の勤務で1日6時間ぐらいなんですけど、土日を除いて週1日は仕事からも子どもからも解放される日と、パート終わりにスタバでお茶したり、音楽を聞いたりする時間が作れています。

専業主婦になってぼくの収入だけが頼りになると、服とか化粧品とか好きなものも買いにくいかもしれないじゃないですか。でも共働きで財布をごちゃまぜにすれば、買い物もヘソクリもしやすいとおもうんですよ。

これは妻の性格をぼくが知っているから、性格にあわせてお互いストレスにならないやり方を提案しているんです。だからあなたの奥さんの性格にあわせて、あなたがなにかをしてあげるのがいいとおもうんです。

うちの妻だってぼくだって24時間ずーっと子どもとべったり一緒だったら、やっぱり厳しいですよ。それは緊急事態宣言中に実感しました。だから個人的には3歳のお姉ちゃんと奥さんはすこし離したほうがいいとおもうんです。

保育園でも幼稚園でもシッターさんでもいいのだけど、そこに費用がかかってしまうなら、働くことを考えてもらったっていいわけです。

そこで稼いだお金がシッター料に消えてしまうって、一見すると無駄なことのようにおもえるかもしれないけど、子どもと離れる時間をとれるからぼくは価値があるとおもいます。やっぱり社会との接点は持っていたほうがいいですし。

夫の家事や育児への参加も大切だけど、家全体の負担を減らすためには、家事代行サービスでもシッターさんに頼ってもいいわけですよ。王族とか皇族とか財閥とか、きっと世界中でそうしているでしょ。庶民だってできる範囲で見習ったほうがいいよ。

あなたの奥さんが主婦なのか、育休中なのかわからないけど、奥さんはお子さんが生まれる前って何してました？　お子さんが生まれる前のライフスタイルを、部分的にでも維持できたほうがいいんじゃないかとおもいます。

子どもが生まれたら、それまでの趣味や生活や遊びや夢を捨てるって人もいるけど、ぼくはいくつかは継続したほうがいいとおもうんです。

ちなみに1歳児の養育費は平均で年80万円とか90万円だそうですけど、体感的にはそんなにかかっていないとおもうんです。平均年収や平均貯蓄が中央値と大きな差があるように、平均子育て費用って中央値とたぶんズレがあるとおもうんです。

ぼくは子育てって、前情報よりもお金がかからないと感じたので、浮いた分で食事のデリバリーを頼んだり、乾燥機付きの洗濯機を買ったりしました。浮いたお金は貯蓄じゃなくて、妻とぼくが楽になることに使っています。手抜きにお金をかけています。

奥さんもあなたもかなり本音で会話できてるでしょ。あなたは奥さんの異変にも気づいているでしょ。それを問題として解決しようとしているわけでしょ。だったらまず大丈夫ですよ。夫婦関係が壊れるパターンってそうじゃないもん。

いまはちょっと大変かもしれないけど、自分たちの生活スタイルに合った解決方法を模索してください、それで改善したら、いまの悩んでいる自分たちと比較をしてみてください。きっと安心します。

子育てって親子で参加するレースみたいに、周囲の子どもや家族と比較して競争をしがちだけど、親子でマイペースにやる魚釣りみたいなほうがたのしいとおもうんですよ。

「好きなことで生きていく」は良くても、「好きなことで生きていこう」は強者の目線

Q

YouTuberです。登録者数は15万人ぐらいですが、一応食べていけるだけの収入はあり、いわゆる「好きなことで生きていける」状態にあります。

最近付き合い始めた彼氏がいるんですが、彼に自信を持たせるにはどうすればいいかが今回の相談です。

彼は外国人で日本で就職もしていて会社員なのですが、常々独立したいと考えており、そのための準備もしているようです。私と知り合ったことで彼自身もなにかYouTubeでやりたい、とやる気に火が点《つ》いたようなのですが、数日後には不安を漏らしたり、ごねたりと、なかなか始める様子がありません。

こういう時恋人として、なんとか励ましたり、「あなたはそのままでいい」だとかの言葉をかけたりするものなのでしょうが、私自身なんでも思いついたことを行動に移し続けることで結果を出してきて、その結果今の自信につながったので、正直月並みな励ましの言葉では彼の現状も変わらないし、自信もつくはずがないと思

っています。彼のやや完璧主義な性格と、私がある程度フォロワーのいる立場であることでなかなか私には相談しにくいと言うか、恥ずかしがって撮った動画なども観せてくれようとしません。私も登録者が少なかった時、これから成功するかなんてわからなかった時は誰にもYouTubeに動画を投稿していることは言えなかったですし、怖気《おじけ》づく気持ちはわかるんですが、それでもやっぱり行動にうつさないと何も変わらない。そのことを彼に実感してもらいたいと思っています。

もちろんここまで書いたようなことは彼にも直接伝えています。彼はラップが好きで、ラップをYouTubeでやりたい！　と言うので「いいじゃん！」と反応して盛り上がっても次会うときには「でもな……」と弱気になったりします。「最初の10本ぐらいはどうせ誰も観ないいんだから、公開日記のつもりでとりあえず何か出してみたら？」であるとか、「フォロワーが増えるのってどれくらい時間かかるかわからないし、フォロワー増えたら増えたで常に何か出し続けないといけないんだから、誰が観てなくても自分が楽しんで続けられるものならやってみなよ」と、自分ではかなり建設的と思えるアドバイスをしているんですが、やはりすぐに行動に、とはいかなさそうです。

まだ付き合い始めて間もないですが、意見が合わない時もお互い冷静に話し合えるので、今後もじっくりと関係を深めていきたい相手です。
幡野さんだったら、どんな言葉をかけますか？

（匿名 女性）

A

15万人も登録者がいて、YouTuberで生活ができているってめちゃくちゃすごいじゃないですか。YouTuberってすごいですよね、尊敬します。尊敬というか感謝しています。ぼくも息子と一緒にYouTubeをよくみます。YouTubeがなかったら子育てできてないんじゃないかな。YouTuberは保育園の先生とおなじく、第二の保護者だとぼくはおもっています。

子どもの興味や関心の幅を広げるだけでなく、教育にもとても役立っています。YouTuberの何がいいかって、まさに好きなことをしてお金を稼ぐってことを体現していて、しかもたのしそうにお金を稼いでいるってところですよ。大人がたのしく働くのを子どもに見せてくれるなんて最高じゃないですか。

YouTuberって、技術が進歩したことで生まれた、あたらしい生き方の一つですよね。お金の稼ぎ方は一つじゃなく、時代によって変化するってことを子どもに教えることができます。好きなことで生きていくって、なんだかすごくハードルが高いようにおもわれがちですけど、YouTuberはそのハードルを下げてくれているようにおもうんです。

もちろんぼくも大人なので、YouTuberが楽して稼いでいるなんておもわないですよ。苦労もあるんだろうけど、苦労をみせずにたのしくやることで、子どもたちの夢のハードルを下げてくれているとおもうんです。だから感謝しています。

ぼくも好きなことをして生活をしているので、苦労や努力をみせないということを意識しています。これはYouTuberから影響を受けて、取り入れてることです。写真家という仕事が、血の滲《にじ》む苦労と努力の賜物《たまもの》みたいなことを先人がみせていたら、これから写真家を目指そうっておもう若い人は、ちょっと躊躇《ちゆうちよ》しちゃうし、好きなことで生きていくって難しいんだっておもわせちゃいますよね。

好きなことをして生きていくことって、たぶんあなたも感じているとおもうんですけど、世間が誤解するほどそんなに難しくないですよね。もちろん隠した苦労はあるけど、そもそも嫌いなことをして生きていたって苦労はあるわけですよ。だったら就職でもなんでもまずは好きなことで生きることを模索したほうがいいとおもうんです。

ぼくも写真家を目指したいという若い人に会うと「やればいいじゃん、指でシャッター押すだけだよ」っていいます。そうすると相手は「でも……」となります。あなたの彼氏さんとおなじです。言葉はたりてないかもしれないけど、あなたも間違ったことはいってないと思います。

こまかい技術や知識なんてやりながら覚えりゃいいんです。ぼくだって写真の勉強をいまでもしています。

「でも……」の後に続く言葉はだいたいお金の問題だったり、失敗が怖いとかだったり、そんなものです。お金の問題でやりたいことができないという人はよくいますけど、本当にお金の問題が解決したら実行にうつすの？　っておもうことが、ぼくはしばしばあります。

そういう人は、お金の問題が解決したら、今度はまた別の「でも……」が出てくるような気がします。本当に実行にうつす人は、お金が問題なら、お金の問題を解決します。仕事して貯金するのか、クラウドファンディングで出資を募《つの》るのか、借金をするのか……そこはもうお金を集める効率とスピードの問題という先の話です。

実行力がある人ほど問題の解決力も高いです。実行力がある人にとっての「でも……」は解決すべき問題だけど、実行力がない人にとっての「でも……」はやらない理由になってしまうんです。本当はやらない理由なんだけど、できない理由に変換することで世間体やプライドを守っているんだとおもいます。

あなたの彼氏さんは、本当はYouTubeに乗り気じゃないんじゃないですかね。本当にYouTuberをやりたくて、恋人もYouTuberならとっくにやってますよ。とっくに恋人であるあなたとコラボしてるでしょ。15万人も登録者がいるなら、まずそこに乗っかるでしょうし、機材面も編集面も頼るでしょ。

本業の仕事については独立を考えていて、その準備もしているんですよね。これが口だけでなく本当に準備しているなら、彼にとってYouTubeはそこまでやりたいことじゃないんでしょう。

トイレとおなじですよね。余裕があるときは「トイレ行ってきていいですか？」みたいに許可を得ることはあるかもしれないけど、マジで漏れそうなときは他人の制止を振り切ってでもトイレに行きますよね。

あなたがおっしゃるように、怖気づこうがとにかく実行にうつさなきゃ何も変わらないんです。ぼくもまったく同感です。あなただって隠した努力や苦悩なんかもあって、不安と隣り合わせでYouTuberをやっているから、口だけの彼にヤキモキしたり、アドバイスなんかもしたくなるんだろうけど、たぶん難しいとおもいます。

そもそもアドバイスがどんなに建設的でも、土地がユルユルだったりスカスカなら何も建ちません。あなたのアドバイスは本当にYouTuberをやりたい人にしたほうがいいでしょう。

ぼくの意見もあなたの意見も、好きなことをして生活ができている人の意見だともおもうんです。いわゆる強者の上から目線になりがちで、はたからみたらウザいんでしょうし、でも弱者の下から目線もおなじぐらいウザいんですよね。いまのままだとお互いがウザいとおもいかねないので、どうかなぁとおもうんですよ。


ぼくだったら彼にアドバイスはしないですね。YouTuberをすすめることもしません。とくに言葉もかけません(無視するってことじゃないよ)。付き合い始めて日が浅いならなおさらです。

ぼくは妻に写真のことを聞かれても、「指でシャッター押すだけだよ」としか教えたことがありません。でもそれくらいでいいとおもうんですよ。せいぜい質問に答えるぐらいかな。アドバイスをしたり誰かに教えることって、自分で実行することよりも遥かに難しいじゃないですか。

わざわざ難しいことをして、お互いが不快になって関係性が悪くなるって、恋人関係においては本末転倒《ほんまつてんとう》だとおもうんです。今後もじっくりと関係を深めていきたい相手なら、結婚も考える相手なら、せいぜい質問に答えるぐらいでなにもいわないほうがいいんじゃないですか。

写真家だろうがYouTuberだろうが、自分が好きでやっていることを、ほかの誰かにもできるとはおもわないほうがいいとおもうんですよ。たまたま写真やYouTubeがぼくやあなたにうまくハマっただけだとおもうんです。

彼だって大人なんだから、あなたと一緒にいれば「YouTuberっていいよね、オレもやろうかな」ぐらいのことはいうでしょう。「YouTuberとか興味ない、理解できない」なんていう人だったらそもそも付き合わないでしょ。

それにあなたに動画を見せるのは勇気がいるとおもうんですよ、アマチュアの人がぼくに写真を見せようとおもったらやっぱり緊張するとおもいます。ぼくが動画を作ってあなたに見せようとしたらきっと緊張するし、あなたもぼくに写真を見せるのは緊張するとおもうんです。料理が趣味の人だって、もしも作った料理を料理人が食べるってなると緊張するでしょ。

ぼくの妻は自分が撮った写真をまったく緊張せずにぼくに見せるんです。ぼくも手料理を妻に食べてもらうときに緊張しません。恋人とはそういう関係性でいたほうがきっと楽ですよ。

本当にやりたいことって周囲の制止を振り切ってでもやることですよ。ぼくもそうだったし、あなただってそうでしょ。彼がYouTuberになりたければほっといてもなります。彼にがんばってほしいという気持ちは理解できるけど、彼の負担になりかねないでしょ。あなただって自分が彼のプレッシャーにはなりたくないでしょ。

好きなことをして生活ができている人に大切なことは、一歩や二歩ぐらいさがって落ち着くってことだとおもうんですよ。

Q 大きい失敗をするほど大きく成長する

こんにちは。カメラ関係のメーカーに勤務しています。

去年から新人教育担当に任命されて、新卒の後輩の指導をしています。

真面目で僕の言うことよく聞いてくれる後輩で楽といえば楽なのですがたまにイラっとしてしまいます。

後輩は自分で考えることがあまり得意じゃないのかな？　という感じでまずは好きなように進めていいよ。失敗してもフォローするよといっても悩んで固まってしまい、手取り足取り丁寧に指示してやっと取り掛かります。例《たと》えるならサッカーのゴールポスト50㎝手前にパスを出してようやくシュートを打つような感じです。

僕は人にあれこれ言われて仕事するのが好きじゃなく、指示ばかり聞いてるだけだと絶対面白くならないと思うので後輩の態度にイラっときてしまいます。

ただ、怒りたくはないのでなるべくいつもの同じ感じでいようと思うのですが、やっぱり接し方が冷たくなってしまっていると思います。

一年目でわからないのはしかたないと思ってもやっぱり後輩にイラっとしてしま

い、自分の心の小ささにも嫌になります。

後輩に上手く仕事を覚えてほしいし、自分もやさしくありたいと思うのでアドバイスをお願い致します。

カメラ関係のメーカーに就職しましたが、カメラには全くといっていいほど興味ありませんでした。待遇で入社を決めました。ただ、幡野の影響で最近一眼カメラを買いました。写真楽しいです。ありがとうございます。

(幡野ファン2級 26歳 男性)

A

まずそのペンネームなんだけど、「幡野ファン2級」という壊滅《かいめつ》的に恥ずかしいペンネームの指摘を、第三者がするわけじゃなくて幡野本人が指摘せざるをえない状況に追い込んだ自覚はありますか?

べつに怒ってるわけじゃないですよ、そんなことで怒るほど暇じゃなければ元気でもありませんから。ただね、恥ずかしいんですよ。内心では喜んでいて赤面して、恥ずかしいというわけじゃなくて、ただただ純粋に恥ずかしいんですよ。

これをスルーして第三者に指摘されれば、ぼくは傷口に塩を塗られるんですよ、だからぼくはいま自分で塩を塗っています、しみますよ。2級というのが上級なのか下級なのかよくわからないし、それでいて「幡野の影響で最近一眼カメラを買いました」という突然の呼び捨て。

カメラ2級というペンネームにして、幡野〝さん〟の影響で……でしょう。ごちゃ混ぜにして幡野2級の影響で……じゃダメですよ、棋士《きし》じゃないんだから。大丈夫です、顔は笑顔です。笑いながら怒ってるわけじゃなくて、ただ笑いながら書いています。

あなたはこれでもう似たような失敗を繰り返さないとおもうんですよ。あなたのためでもあるし、ぼくのためでもあるし、これからあなたがファンになる人のためでもあります。たいしたことではないのだけど、このペンネームと呼び捨てにしたのはやっぱり失敗なんですよ。

いや、わかってます。大丈夫、わかってますよ。呼び捨てにしたのは単純にタイプミスでしょう。ただ次からおなじことを繰り返さないように気をつけますよね。これが失敗するいちばんのメリットだとぼくはおもうんですよ。つまり成長するんです。

ちいさい失敗はちいさく成長して、大きな失敗は大きく成長します。ぼくだって仕事でもプライベートでも失敗だらけですよ。とくに仕事は失敗だらけで、人生が嫌になるほどよく怒られていました。撮影業界って怒りっぽい人が多いんですよ。

失敗をしてきたから、いまの自分がいるとおもっています。だから人はどんどん失敗をしたほうがいいとおもっています。誰だって失敗はしたくないんだろうけど、失敗をしない方法が挑戦をしないということになってしまうとよくないです。

あなたの後輩さんみたいに、ゴールの手前50㎝のところにボールを用意してあげないといけないような人っているんですよ。これはちょっと仕方ないことなのかなっておもいます。だって失敗を許さない社会じゃないですか。失敗はすべて自業自得ということになって、周囲から叩かれるわけですよ。

そういうリスクを見て、挑戦したくないって若者がおもってもなんら不思議じゃありません。実際に大学生ぐらいの若い子と会話するとどことなく感じるけど、失敗が怖い……怖いというか、失敗はありえないぐらいの価値観になっている子がいたりします。ぼくからすれば失敗は成長という価値観だけど、もうまったく価値観が違うんですよ。

でも、リスクを抱えてでも挑戦しないと、成功もないですよね。恋愛だってそうじゃないですか、フラれるというリスクがありつつ挑戦をした人が成功してますよね。人生なんてリスクだらけなんだけど、リスクをとって挑戦しないと成功しないんですよ。失敗をしても成長があるんだから、ぼくは挑戦することは良いことずくめだとおもってます。

だからぼくは誰かの挑戦をバカにする人が不思議です。挑戦に失敗がつきもので、口から心臓がでそうなプレッシャーと背中合わせなことを、**挑戦を経験した人は知っています。**口と心臓はつながってないから口から心臓はでてこないけど、どんな人のどんな挑戦でもバカにはできません。でもバカにする人もいます、それは挑戦をしない人でしょうね。

挑戦をしない人は成功もなければ、成長もないわけですから、人の挑戦や失敗をバカにして、人の成功は妬《ねた》むという、どうしようもない終着点にいく人もいるでしょう。成功と成長が、年齢と一緒に勝手に誰かから与えられるって誤解しちゃってるんだよね。

後輩さんが失敗をして、あなたが怒らずにフォローできたとき、きっとあなたは成長しているとおもうんです。そしたら後輩さんも成長します。新人教育という視点で見たらそれは成功です。きっと成長した後輩さんは数年経って新人さんに仕事を教えることができます。

ぼくはあなたみたいな人が好きですよ。仕事ができる人って、その人個人の能力だけでなく、周りの人の能力を上げられる人だとおもっています。後輩の育成もそうだけど、周囲の士気を高めたり、空気をよくすることができる人が、本当にできる人です。どんなに個人の能力が高くても、周囲の空気を悪くする人ってちょっと嫌ですよね。

自覚はしているんですけど、ぼくはすこし人に緊張感を与えてしまいがちなんです。見かけによらず温厚だし、見かけよりも野菜だってよく食べるんだけど、とにかく緊張感を与えがちです。

緊張をしている人と食事に行くときに、ワインがたくさんあるお店だったら「ワインとか全然わからないんだよねー」なんてことをわざといいます、日本酒だろうがウイスキーだろうがいいます。実際に産地だとかフルボディだとか大吟醸とか意味がわからないし、詳しい人が教えてくれてもその後で酔っ払うので記憶には残りません。

フランス料理もポワレとかコンフィとかパスカードとか、いまいちわからないじゃないですか。だから「わからない」ってはっきり口にだすと、すこしその場の雰囲気がやわらぐんですよね。ただでさえ緊張をするような相手と食事をするのに、緊張をするようなお店だとより緊張させてしまいそうだから、すこしでも同行する人の緊張をやわらげることが必要だとおもうんです。

緊張をしている人って、相手を必要以上に高く見てしまって、こちらのことを、なんでもできて、なんでも知ってるパーフェクトヒューマンのように勘違いしてしまいがちなので、すこしでもできない部分を見せます。これは職場の先輩後輩でもあるとおもうんですよ。まだ自信がない後輩ほど、先輩が完璧になんでもできるように見えるじゃないですか。

きっと後輩さんも、あなたのことをなんでもできる先輩のように見ているとおもうんです。もちろんあなたの目線からすれば、まだわからないことや、できないこともたくさんありますよね。あなただって上司や憧れの先輩を見ると、自分はまだまだだっておもいませんか？　おなじ目線を後輩さんは、あなたに向けています。

だから、ちょっとできない人っぽいところを見せちゃうのがいいとおもうんですよ、わざと簡単な失敗をして、それを後輩さんにフォローしてもらうの。後輩さんには先輩のミスの尻拭《しりぬぐ》いってくらいの勘違いをさせて、井の中の蛙《かわず》にしちゃうぐらいでいいよ。ちょっと抜けてる先輩のほうが後輩は成長するものだしね。

15年ぐらい前に読んだ写真雑誌のあるコラムが大好きで、鮮明に覚えているんです。それは、あるフォトグラファーが女優さんを撮影する仕事があって、現場についてカメラバッグをあけたらカメラが入ってなかったそうなんです。これってフォトグラファーとしてはありえない大失敗なんですよ。

そのフォトグラファーは売店に行って写ルンですを買ってきて、それで撮影をしようとするんですけど、写ルンですで女優さんを撮影するって、それもまぁありえない話なんですよ。いまでいえばフォトグラファーが一眼レフを忘れて、スマホで女優さんを撮影するようなものかな。当時はいまよりも大きいカメラ＝いいカメラというイメージが根強かったんです。

写真館なんかにあるような、人が布をかぶって撮影する、8×10（エイトバイテン）っていう大きなカメラがあって、それで撮影することがフォトグラファーにとっても被写体にとっても一つのステータスだったんです。カメラのヒエラルキーみたいなものがあって、当時はエイトバイテンが最上位で、写ルンですは最下位……というかほぼ圏外でした。

で、そのエイトバイテンのことを略称でバイテンって呼ぶんですけど、そのフォトグラファーは売店とバイテンをかけて「今日はバイテンで撮影します、バイテンはバイテンだけど売店で買った写ルンですです」というジョークをかまして乗りきったそうなんです。

その失敗エピソードを読んでから、ぼくはいまでも撮影現場にカメラを忘れたら写ルンですで撮影しようって心に決めてます。ちなみにこのフォトグラファーってリリー・フランキーさんで、女優さんは井川遥《いがわはるか》さんです。リリー・フランキーさんって多才ですよね。鮮明に覚えているなんていったけど、15年ぐらい前に読んだから間違ってるかもしれないけど。

それくらいちょっとポンコツのほうが周囲の空気も良くなります。恥ずかしいペンネームから、うっかり呼び捨てしちゃう感じまで、それくらいのポンコツさを後輩さんにも見せてあげるといいよ、失敗を見せられる先輩ってマジで偉大だよ。

普通はみんな格好をつけたがるけど、能ある鷹は爪を隠すどころじゃなくて、怪我したフリぐらいまでしてあげたら？　それから自分もうっかりミスをするって自覚をすれば、イラッとすることも減ってくるものだよ。それと相手には期待をしないことかな。期待が外れるからイラッとするんでしょ。

それに自分が失敗をしたときにフォローをしてもらえるしね。爪がギュンギュンに出ている人が失敗したときはフォローされにくいでしょ。だからまずは面倒かもしれないけど、失敗のお手本を示してあげればいいよ。

社会はデコボコな人たちの集まりだからこそ、生きていられる

Q

幡野さん

いつもTwitterや本で、厳しい言葉や温かい言葉を見て、少し悲しくなったり、勇気や優しさをもらったりしています。ありがとうございます。

私は今心理士として働いていて、社会で生きにくさを抱えている人と一緒に、困ったり泣いたり笑ったりしています。

以前、幡野さんに、「私は小さい頃に父を亡くし、母が悲しむ姿を見るのが辛かったから、心理士として癌《がん》患者の支援をしていきたい。だけど、それを言ったら母や姉が心配する、だから言えない。どうすればいいか。」という相談をしてしまいました。

癌を抱えて生きている、大事な奥さんやお子さんがいる幡野さんに、なんて言葉をぶつけてしまったのかと思います。ごめんなさい。人の気持ちに寄り添う心理士という職業に就いているはずなのに、顔が見えない大好きで尊敬している相手に、一番聞いてはいけないことを聞いてしまった。今の今までそんなことには気づけな

かった。情けなくて、悲しくて、申し訳ない気持ちでいっぱいです。

自分のことで頭がいっぱいだと、相手の顔が見えていないと、一番聞いてはいけないことを聞いてしまうのかもしれないです。

私は、顔の見えない、名前も知らない相手に、忌憚《きたん》のない意見を言える幡野さんが羨《うらや》ましかったんだと思います。

私は、大好きな人を大好きでいたいのに、どうして嫌いなところが見えてしまうんだろう、と考え続けていました。嫌いな面が見えてしまうのは、自分に足りないものを持っているから、羨ましくてたまらないのかなと思います。大好きな人は、私が笑うときに一緒に笑ってくれるから、悲しいときに一緒に悲しいと感じてくれるから、好きでいられるのかなと思います。

私は自分のことを好きになりたかった、他の人を羨む自分が憎かった、大事に思えば思うほど、素直になれない自分がとても嫌いでした。だけど心理士になり、大切な気持ちや考えを教えてもらう中で、自分のことも少しずつ好きになってきました。

結局自分のことしか考えられてないのかもしれません笑
私は幡野さんと、このメッセージを見てくれている人に謝りたくて、もう一度自分のことを送らせて頂きました。だけど、あのメッセージを送る場所があったことで、自分は確実に救われた。だから後悔はしてません。

幡野さんの写真も言葉も楽しみにしています。たくさん笑って過ごしてください。辛いと思うことからは逃げてください。幸せでいてください。

（ゆうこ 26歳 女性）

A

あぁ、つまりあなたが最初に送ってくれた悩みの内容が、ぼくの視点にたつと、ぼくが死ぬと妻が悲しんで、それをみた息子がつらいおもいをする。息子が周囲の人の顔色をうかがってしまい自由な選択をしにくくなる。というニュアンスだったたってことですよね。

ぼくに心理的な負担をかけてしまったことを、あなたは心配されていて、心理士として情けなく感じていたり、申し訳なさを感じているわけですよね。気にしなくて大丈夫ですよ。こういうことにはもう慣れました、それくらいのことは日常茶飯事すぎて、あるあるすぎる話です。

先日こんなことがありました。街でぼくを知っているという高齢の女性に声をかけられて、その女性の旦那さんが、ぼくとまったくおなじ病気で最近亡くなったといわれたんです。病気が判明してから、1ヶ月ぐらいで亡くなってしまったみたいで、おばあちゃんはとても悲しんでいました。

そのおばあちゃんは、長年連れ添った旦那さんが急に亡くなってしまったので、まったくおなじ病気のぼくと旦那さんを重ねてしまったのかもしれません。おばあちゃんは「あんたとおなじ病気で死んじゃったのよ！　あっという間に死んじゃったのよ!!　死んじゃったのよ！！！」と、すこしパニックにも近い状態で、ぼくとおなじ病気で死んじゃったことを強調してきたんです。

グフゥ、もうやめてくれ……ぼくはいま死んでしまいそうだ、おなじ病気のぼくに、おなじ病気の人が死んだ話をしないでくれ、とおもいながら、ぼくは自分の心を守るために現実逃避をしたんです。美味しいお肉選手権を頭の中で開催しました。優勝は牛タンでした、準優勝はハラミ。カルビはどんな特上でも年齢的にもう脂がキツかったです。

特上カルビの脂とおばあちゃんの話に胃がもたれながら、「それは大変でしたね」と声をかけました。おばあちゃんはおばあちゃんで、とてもつらかったとはおもうんだけど、ぼくはぼくでつらいんですよね。カルビの脂じゃないですよ、ご主人が亡くなった話ね。

医療従事者の人って、よく「患者さんに寄り添う」なんてことをいいますけど、現実的には患者さんに寄り添えている人はとても少ないとおもいます。自分が患者さんに寄り添うというよりも、患者さんを自分に寄り添わせてしまっている人のほうが体感的には多いと、ぼくは感じています。

でも、そういうものでしょう。医療者の技術と知識と経験が患者には必要で、患者の判断や意思表示が医療者には必要です。お互いが消極的になるよりもずっといいとおもいますよ。ちょっとお節介なぐらいでいいとおもいます。たとえば薬剤師さんってまさにそうでしょう。薬剤師さんって、処方箋《しょほうせん》があるのに症状とか常用薬とかお薬手帳があるかとかいろいろ聞いてきて、ちょっとお節介っておもわれがちだけど、薬剤師さんが消極的になったら怖いよね。

あなたがおっしゃるように、結局のところ人は、自分が苦しいときに相手の苦しさは見えなくなるものなんでしょう。自分の苦しさには敏感で、人の苦しさには鈍感になってしまうんですよ。この連載を書籍化したシリーズの2冊目を『他人の悩みはひとごと、自分の悩みはおおごと。』ってタイトルにしたんですけど、その理由はこれです。

でも、それを悪いことだともおもわないんですよ。自分のことを誰かが自分ごとにして、おおごとにしちゃうほうがぼくは面倒だなぁっておもいますもん。あなたが心理士としてがん患者さんを支援したいという希望を持ったときに、お母さんやお姉さんが心配しちゃう原因ってコレだったりするわけじゃないですか。そして最初の相談だと、あなたはその顔色をうかがって、それがやりたいことができないという足枷《あしかせ》になっていたってことですよね。

ぼくは成人式のニュースを見るたびに、ちょっと違和感があるんです。今年は東日本大震災から10年ということもあるんだけど、必ずといっていいほど被災地の新成人を取材するじゃないですか。

そこで、20歳になった新成人が将来の展望について、復興のことを絡めてコメントしますよね。コメントの内容は社会的にとても正しくて、素晴らしいものばかりなんだけど、同時にこの10年の間、周囲の人の目を意識させられていなかったか心配になるんです。もちろん、被災地のためにがんばるという気持ちは尊いものです。復興に尽力する新成人がいるなら応援したい。でも、ぼくたちのそういう気持ちに、負い目を感じたりする人もいるものだよね。

ニュースになる地方の暴れん坊将軍みたいな新成人たちを見ていると、おなじ年齢でも地域によってここまで差があるのかって感じるんですよ。暴れん坊将軍がいいとはおもわないけど、大人は子どもに好きなことを選べる自由を提供しなきゃいかんのですよ。

ぼくは家族を残して死んでしまう側の人間だから、ちいさいときに親を亡くした子どものことを勉強したり取材したりしたんですよ。あなたが経験したことや、あなたとおなじように感じている人は多かったです。

親が悲しんでいるのって、子どもにとっては負担なんです。そうすると、だいたい子どもは、いい子になっちゃうんだよね。いい意味でのいい子ではなくて、ちょっと生きにくさを感じているいい子なんですよ。


そうやって、大人の苦しさや悲しみに子どもが寄り添ってくれるのって、もしかしたら大人が寄り添わせてしまったのかもしれないよね。ぼくに話しかけてきたおばあちゃんだって、暴力的なまでにぼくを寄り添わせようとしたからね。脳内美味しいお肉選手権で防御したけど、これって現実逃避であり思考停止状態だから、いいことじゃないよ。

あなたがお母さんを心配させたくないってのは、お母さんに寄り添っているんだろうけど、それがいいとぼくはおもわないんですよ。ぼくがあなたのお父さんだったら、自分の人生を好きに生きてほしいからです。

お姉ちゃんを心配させたくないっていうのは、お姉ちゃんが好きなことを諦めたりしていて、自分だけが好きな人生を歩むことに負い目を感じているのかな？ ちいさいころに親を亡くした子どもって、お姉ちゃんやお兄ちゃんであるほど、いい子になっちゃうんだよね。

でもそれって大人にとって都合のいい子なだけですよね。「お母さんのことを支えてね」とか「あなたがしっかりしなさいね」なんて言葉をかけて、子どもを強制的に大人にさせちゃう人がいるんだけど、あれってどう考えてもクソでしょ。だって同級生はノビノビ遊んでるんだよ、**大人を支えるのは子どもじゃないよね。**

あなたも、あなたのお姉ちゃんもきっといわれたことがあるとおもうし、うちの息子も将来いわれちゃうと思うんだけど「お母さんのことを支える必要はありません」「同級生とおなじスピードで大人になってください」「お父さんは死んじゃったけど、ノビノビと自由に生きろよ」って死んじゃう側のお父さんのぼくはおもいますよ。

他の人のことを羨ましくおもうのは、当然のことでしょう。ぼくだって健康な人のことが羨ましいもん。でも妬《ねた》むことはないかな、「妬む」と「羨む」って感情としてはまったく別だからね。

自分に経験値や自信がついてくると、妬むことはなくなってくるよ。26歳ぐらいって人生でいちばん何者でもない自分に焦る時期だよね。みんな何者かになりたくて、何者かを目指すよね。ぼくだってそうでしたよ、写真家を目指してました。

写真家になって、生活も安定しているから誰かのことを妬むことはありません。誰かのことを妬まない自分のことが好きになるし、長所も短所もまちまちなデコボコの人たちが集合して、社会は成り立っていて、生きていられるんだっていつか実感できますよ。そうすると自分の短所も肯定できるしね。

あなたは26歳で立派な大人だから、心理士として自分の思うように人を救ってください。大人を支えるのは、大人でいいわけですよ。そしてあなたは支えることができる職種というか、プロなわけですよ。あなたが活躍すれば救われる大人も子どももたくさんいるでしょ。

あなたの能力が発揮できて、あなたの能力が必要で、あなたがいたい場所に身を置いてください。んで、自信を持って自分を好きになってください。ついでにいえばたくさん稼いで、たくさんたのしんでください。あなたが好きなことするのっていいことずくめじゃん。**自分がしあわせになることが、いちばんみんなをしあわせにするんですよ。**

勝手に期待して勝手に裏切られて怒っていたら、人生で損をするだけ

Q

幡野さんこんにちは。いつも楽しく写真や文章を拝見しています。このコーナーではみなさんが、人の生き死ににかかわることや人生における極めて重要なことを相談しているのに、アラサーがこんな巷《ちまた》の女子高生のようなことを送りつけてもいいのかと思ったのですが、採用されるかどうかは別問題だしと開き直り、書かせていただくことにしました。

私の相談は、お付き合いした人を上手く大切にできないというものです。というのも、わりと誰しも、お付き合いした人との関係性において、テンション・熱量・勢いの面では、付き合い始めがピークだと思います。

そこから、親愛だったり、結婚すれば家族としての情だったりが生まれ、いわゆる落ち着いた関係になるのが世の常だと思います。それが、私には上手くできないんです。

付き合いが始まってから何年経っても、最初の勢いが落ちることなく「この人のこと、めっちゃ好き！」というテンションを引きずってしまいます。でも相手は、

やっぱりそういうことはなく、感情が自然に落ち着いていきます。そのギャップを頭ではわかっていても、感情面で上手く受け入れられず、「昔はあんなに好きだと言ってくれたのに、今は言ってくれないということは、もう好きじゃないのかな？」などと思ってしまいます。

するとと相手への感情は「不安」がベースになるので、本当は取るに足らないことだと頭でわかっているのに穿《うが》って見てしまい、「やっぱり、もうあんまり愛されてないのかも」というネガティブな感情に心が支配されます。

こうなると、自分のなかで無理をして付き合っている状態になるので、余裕が持てず「こんなんじゃ、私と一緒にいてもこの人は全然ハッピーじゃないだろうな」と思うようなことが増えてしまいます。もうこの年なので泣きわめいたりはしませんが、後から考えたらもう少し思いやりを持ってああいう言い方をすればよかったと思ったり、こういうふうにした方が喜んだだろうに気付けなかったりとか、そういうことが増えます。

今お付き合いしている人も、当初はそうでもなかったのですが、1年経った今、好きだの何だのいうこともなければ、キスをしたりハグをしたり手を繋《つな》いだり何気ないLINEを送ったりすることもなく、セックスはこちらから誘ってあからさまに頑張ってしてくれるみたいなことが続いて、心が折れたのでレス状態です。

ただ、少し前に話し合いをしてそういう状態ではあるものの、一応私のことは好きだと思ってくれているということは分かったので、それに縋《すが》って毎日過ごしています。でもやっぱり、こういういわゆる恋人っぽい触れ合いがないと、どうしても悲しいという感情が発生することを抑えられず、毎晩バレないように泣いて暮らす始末で大分みっともないです。

若い頃は相手のせいにしてしまうこともあったのですが、この年になり何人かとお付き合いしたり、周りのカップルの様子を見たりするうちに、おかしいのはどうやら自分の方だということには気づいています。だからもっとこう、みんなのように、良い感じに相手との関係を構築したいのですが、自分なりにいくら工夫しても上手くいきません。(わざわざ人に言わないだけで、誰しも何か思うところがあるというのはわかっています)

幸い私は仕事が大好きで、油断すると倒れるくらい働き続けてしまうくらいですし、友達もわりと多く、趣味も色々とあります。もともと結婚願望も子供がほしいと思ったこともないし、兄弟がいるので「親が、孫の顔を見ず死んでいく」こともなさそうで、こうやって誰かと付き合って相手を幸せにできないどころか負担に思わせてしまうくらいなら、一生独身でもいいかなとは思っています。
ただ、もし状況を打開するスーパーアイディアみたいなものがあれば知りたいと思い、メッセージ送らせていただきました。
毎日きっとたくさんのお便りが来る中、こんなしょうもない内容の長文を送りつけてしまいすみません。もしよろしければ、ご検討よろしくお願いいたします。

（滋賀生まれ 28歳 女性）

A

恋愛って上手い人と下手な人がいますよね。これは恋愛だけじゃなくて、友達や職場や親族や初対面の人との人間関係とか全部そうだとおもうけど、上手い人と下手な人っていますよ。

人付き合いが上手い人って、距離感のとり方が上手ですよね。相手の心理状態や環境によって距離感を変化させられる人って、最高に人付き合いが上手いとおもいます。

人付き合いが下手な人って、距離感が遠いような、モジモジとしたようなイメージがあるけど、**ぼくは距離感が近すぎる人のほうが下手**だとおもっています。距離感が遠くてモジモジした人って、公園にいるネコみたいなもので、べつに向こうから襲ってこないじゃないですか。

ちょっと頭の中で想像してほしいんですけど、マウンティングしてくる友達とか、デリカシーフリーな親戚とか、土足でプライベートに上がってくる職場の人とか、距離感が近すぎませんか？　そしてだいたいみんな「あなたのために」っていうんですよね。すんごい極端なことといえば、ストーカーってすべてを勘違いした距離感が近すぎる人でもありますよね。

それであなたの距離感は、ご自身でも気づいているとおり、やっぱちょっと近いんじゃないかな。男性側の距離感と恋愛経験にもよるけど、一年ぐらい付き合っているのに、愛情を疑って「やっぱり、もうあんまり愛されてないのかも」と不安になったり、「私と一緒にいてもこの人は全然ハッピーじゃないだろうな」と思っているのが伝わったら、男性にとっては負担ですよね。

「お付き合いした人との関係性において、テンション・熱量・勢いの面では、付き合い始めがピークだと思います。そこから、親愛だったり、結婚すれば家族としての情だったりが生まれ、いわゆる落ち着いた関係になるのが世の常だと思います」

まさにおっしゃる通りだとおもうんです。熱量も距離感も変化していきますよ。しかも、あなたがもうちょっと若いころは泣きわめいたり、関係がうまくいかないことを男性のせいにしたりしていたわけですよね、そりゃうまくいかないよ。ストレスを感じながら恋愛をするのなんて、無駄じゃないですか。

恋愛は、AIとするものでも、一人でするものでもないからね。相手には人格があって人生があって、自分とは違う価値観や時間もあるわけじゃないですか。相手の距離感と熱量をこちらで設定できるわけじゃないし、それを設定しようとすることは相手をコントロールするってことだとおもうし、コントロールができないことに怒るのはわがままってことだとおもいますよ。

もちろん世の中にはあなたとおなじ価値観の男性もいるわけで、そういう人と付き合えばいいのかもしれないけど、付き合って一年後に相手がどう変化するかなんてわからないよね。

あなたが探している「状況を打開するスーパーアイディア」なんてないんじゃないかな。少なくともぼくには浮かばない。もしもスーパーアイディアがあったら、悩みの当事者であるあなた自身で先に見つけてるよ。

でも、だからといって人生のいろいろなことを諦めたり決定したりする必要はないと思う。一生独身だとか、親が孫の顔を見ずに死んでいくだとか、まだそこまで考えなくていいよ。恋愛だけじゃなくて、物事の距離感のとり方や決め方もすこし極端に感じる。相手や自分の感情を決めつけてるし、物事も極端に決めちゃってるよね。もっと距離感と物事と人生は柔軟でいいんですよ。その時々で判断を変えていけばいい。

「一生独身でもいいかな」っておもったって、結婚も一生独身も経験していないのだから、結局どっちがいいかなんてわからないよね。結婚の先には不倫だって離婚だって再婚だってあるわけで、可能性なんていくらでもあるんだから、すべての可能性を否定しないほうが楽だよ。

なんでもそうだけど、可能性を否定する人って、結局チャンスを自ら失っているよ。たとえば年下の男性や年上の女性と付き合うなんて考えられないって人は、そこで恋愛するチャンスを自ら失ってますよね。ルーレットでいろんな数字にチップを賭けていたほうが、当たる可能性だって当然増えます。

距離感のとり方の上手い下手って、ぼくは人生経験だとおもいます。最近うちの4歳の息子が保育園で、お友達の女の子から結婚してほしいっていわれたそうなんですよ。なんか保育園児っぽくていいですよね。

これが14歳だったら、なかなか結婚って言葉は出てこないだろうし。24歳だったら、まずはお付き合いからはじめましょうよって話になるし。34歳で婚活してたら、また違う視点の話になりますよね。

4歳のプロポーズって、人生の経験値が低くて物事を知らないからこそ起きることだとおもうんです。ちなみにうちの息子は「ちょっと、かんがえさせてほしい」って返事を保留したそうです。大事なことは即答しないで一度持ち帰って考えようって教えていたので、大事なことだとおもったんでしょうね。

息子もお友達の女の子も、そういうちいさい経験を重ねることで、距離感をつかんでいくんでしょう。ぼくだって、いまでも付き合った当初のような感覚で妻と一緒にいるわけではないですよ。もちろんそれがいいとか悪いとかはわからないけど、アメリカのホームドラマのように愛の言葉を連発しません。そのぶん、感謝の言葉が増えていますよ。

恋人は視線をお互いに向けるかもしれないけど、結婚をしたり子どもを育てたり家族になると、視線が向かい合わせではなく、一緒に進む方向に変わっていきます。恋人とは共通の好きなものが大事だったりするけど、結婚をすると共通の嫌いなものが大事だったりします。

あなたはそういう経験をこれまでの恋愛でも重ねてきたわけじゃないですか。以前は相手のせいにしていたけど、おかしいのは自分だって、いまでは気づいてもいるわけですよね。

18歳のあなたより、28歳のあなたのほうが成長してませんか？　18歳のころと比べれば、落ち着いてきて恋愛だって上手くなってるでしょう。もちろん恋愛だけじゃなくて、仕事ができるようになったり、社会のいろんなことを知ったり、美味しいものだってたのしいものだって知ってるでしょ。18歳のころの自分をおもいだしたら、誰だってすこし後悔したり赤面しちゃうでしょ。

当たり前だけど、あと10年経って38歳になったらいまよりももっと成長してますよ。結婚しているか独身なのか、子どもがいるのか離婚しているのか、仕事に没頭しているのかわからないけど、成長してますよ。もしかしたらAIと恋愛をしているかもよ。

物事の考え方が極端で、距離感もすこし近いから「状況を打開するスーパーアイディア」みたいな特効薬を探してしまうんだろうけど、そんなもんないよ。あったとしてもそれを信じて、心の支えにしたり「これが正解!!」みたいな感覚でいたら、スーパーアイディアを握り締めた手が血だらけになるよ。

スーパーアイディアじゃないけど、心がけるってことしかないんじゃないですか。相手を尊重することを心がける、相手と自分は違うってことを心がける、相手に期待をしないことを心がける。

すべての人間関係にいえることだけど、相手を自分とおなじ価値観や感情や熱量の持ち主だと勘違いして、勝手に期待をして勝手に裏切られて怒っていたら、人生で損するだけだよ。

損を防ぐためにも、相手の人生を尊重するためにも、コツコツと人生経験を積み重ねていくことが大切なんじゃないですか。それができないなら、別れて他の男性と付き合うか、一生独身という選択肢だってあるんだし。なんにしてもストレスを受けて恋愛することも、ストレスを与えて恋愛をするのも無駄でしょう。ぼくからすれば、それはただの苦行です。煽《あお》り運転する人みたいに、自分は悪くない、相手が間違っている、という考えだとあなたの悩みはいつまでも解消しないかもしれないけど、あなたは自分に疑問を持って変えようとしているわけじゃないですか。いまできることをするしかないでしょう。だからぼくは、いまのままでいいとおもいますよ。

Q なによりも守るべきは心の健康。がんばる以外の方法を知り、選ぶことも必要

幡野さんこんばんは。

長文になりますが読んでいただきご回答いただければ幸いです。彼氏に「疲れた」と言われました。

彼とは一年2ヶ月付き合い、半年ほど同棲していてお互い23歳です。

彼は東京に上京していて彼の一人暮らしの家で同棲しています。

私は専門学校卒業後仕事をしていますが、彼は一年留年していたこともあり今は大学3年生です。

私は転職した仕事先の上司や仕事内容が合わず、うつ病になりました。

一月でうつ病と診断されてから2ヶ月目になります。

仕事は傷病《しょうびょう》休暇で休んでいます。

夜になると不安になり泣いてしまう私をいつも彼氏は支えてくれました。

そんな優しさに助けられながらも申し訳なく思いいつも「ありがとう」「ごめんね」と伝えていました。

彼氏は「大丈夫だよ、一緒に頑張ろうね！」と言ってくれますが鬱《うつ》は人にうつりやすいと聞いたので、「苦しくなったり疲れたらちゃんと嘘つかないで私に言ってね」と言っていました。

明るい時間は少し気分がいいので

家事をしたり、料理を作ったり、散歩に行ったり自分にできることをしました。

先日彼のケータイでYouTubeを見ていたら出会い系アプリの通知で「写真を登録しましょう！」と来ていて

やってるのか聞いたところ、

「母とテレビ電話した時に『なんか元気ない？』と聞かれて『今彼女が大変で、、』と話したら、『あんたにできることは何もないよ。まだ若いんだからその人だけじゃないんだよ』って言われて

マッチングアプリ登録して新しい人探そうと思ったんだけど

でも、新しく探す気にもなれないし、俺最低だって思ってすぐ消した。友達にも『彼女が大変で』と相談したら、その友達の元カノも『精神疾患持ってるから大変だよー』と言われて

なんだか疲れてしまった」と言われました。

出会い系アプリの通知を見たとき、うつ病の彼女より普通の人の方がいいよなと、ショックでしたが「あ、そうだよね」と素直に思いました。

彼に、「元気なときの◯◯が好きだったんだなって気付いた、今も好きだし愛してるけど疲れた」

と言われたので、

「今すぐ治って元気になることは出来ないし、別れよう」と言いました。

「本当にそれでいいの?」と聞かれたので

「じゃあどうしたいの?」と聞いたら

「別れたくはない、そばに居て欲しい。誰でも人は疲れることがある。泣いてても助けなくていい? そしたら疲れないわ」と言われました。

その言葉が一番ショックで、この人とは結婚はできないな。と思い別れることにしました。

でも正直、「わたしがうつ病になっていなかったらもっと長く付き合えてたのに」と心が苦しくなります。

彼も私のことがまだ好きでいてくれてるから、「連絡するね」とか「ご飯誘うね」とか

「復縁するカップルなんてたくさんいるよ、俺はしたいよ」とそんな事を言ってくれます。

彼と別れたのは正解ではなかったのかと考えます。

でも、疲れたという彼にこれ以上負担をかけるわけにもいかないと考えがぐるぐるします。

私はどうしたらよかったのでしょうか。

長くなってしまい申し訳ございません。ここまで読んでいただきありがとうございました。

（○○ 23歳 女性）

※相談文の内容を一部修正しております。

A

子育てをしていると想像しちゃうんだけど、将来自分の子どもが会社や上司のせいでうつ病になってしまったら、めちゃくちゃ理不尽に感じるとおもうんですよね。子どもが成人するまでに、ひと財産といえるぐらいの費用もかかるし、かなりの歳月もかかるわけですよ。

それを短い時間と安い給与で、ブラック企業やパワハラ君たちにうつ病にされたらたまったもんじゃないんですよ。それまでにかかった時間とお金、それとその先の健康でいられる時間や稼ぐお金のことを考えたら、そこから逃げたほうがコスパがいい。コスパ視点だけで見ても、ブラック企業やパワハラって良くないよね。

ちょっと話はずれるけど、10年以上前に、ぼくは女性ファッション誌で撮影している女性の写真家のアシスタントをしていたんです。写真業界って、アシスタント時代は、パワハラを受けまくるんですよ。

ぼくはその写真家から毎日のように、些細《ささい》なミスで長時間の説教を受ける、車を運転していようが関係なく怒鳴られる、休日にも電話で怒鳴られる、水を飲んだだけでも怒鳴られるような状況だったんですよ。

プライベートもすべて我に捧げよ、でもお金は交通費だけしか払わないよってタイプで、これ以上この人と一緒にいたら精神がおかしくなるっておもったので、早朝の電車で撮影現場に向かってる途中でバックれたんです。電車で終点まで行ってそのまま折り返して、電話の着信がすごかったけど、バーカっておもいながら朝マックを食べて帰りました。

その写真家はきっとぼくのことなんか忘れているとおもうんですけど、そのときのエピソードを、パワハラって最悪だよね、っていう意味でコラムに書いたら、その写真家がSNSで「わたしも同業者だからわかるー」ってコメントつけてシェアしていたんですよ。

オメーが毎日やってたことだよ、っておもいながらも、あぁこれがパワハラ君の心理なんだなっておもいました。つまりホラー&スリラーなほど自覚がないんですよ。そんな人に健康を潰されちゃうのって本当に人生がもったいないよね。嫌な人と一緒にいるだけで、疲れるんですよ。

だから傷病《しょうびょう》休暇をもらって仕事を休んで上司と離れたのは正解ですよ。コスパのいい選択をしています。ここで無理して働き続けたり、仕事を辞めたりしてしまうと損失が増えるわけですよ。いっぱい休みましょう。復帰が難しければ仕事を辞めて、失業保険を受給しながら仕事を探しましょう。

どっちにしても、「私はどうしたらよかったのでしょうか」については、あなたの病状も考えてあなたが決めることだとおもいます。そこは自分で考えましょうよ、あなたの人生です。

ただ、あなたにとっていちばん大事なのは精神的な健康ですよね。ぼくは彼と別れたのもひとまず正解だとおもいますよ。上京して一人暮らししてる男子大学生の家ってことは、ワンルームとかかなり狭い部屋での同棲ですよね。20とか25平方メートルぐらいなんじゃない?

これは持論だけど、恋人だろうが夫婦だろうが、親子だろうが友達だろうが、ホテルで一泊とかじゃないかぎり、誰かと住むなら一人20平方メートルは必要だとおもいます。二人だったら40平方メートル、三人だったら60平方メートル。ぼくはできれば一人25平方メートルはほしいかな。**物理的な空間の広さや、距離って精神面に反映されるよ。**ぼくのこの感覚だけでいっても、彼が疲れてしまったというのは本音だとおもう。

それと、病気になると、自分のつらさを誰かに理解してほしい、支えてほしいって期待をしたりもするし、病人の恋人や家族は理解しよう、支えようとがんばるんだけど、失敗しているなぁっておもうことがあるんです。病人とその周囲の人って深く傷つけあっちゃうんだよね。

ぼくもがんになったときにうつ状態におちいったのだけど、これは健康な人には理解はできないとおもいます。たとえば火傷《やけど》の痛みだって、火傷を経験している人にしかわからないよね。

そもそも彼女と同棲をしていて、出会い系アプリを入れて通知を切らないって、ちょっと変だよね。彼のスマホで一緒にYouTube見たりもするんでしょ。すこし考えれば防げることを防げない人って、結婚相手としてあまり向かないとおもってます。将来うっかり大きな損害を出しそうじゃないですか。きっと彼も就職したら苦労するとおもうんですよ。

しかも問い詰められて、友達の元カノに精神疾患があるから大変だよといわれたことと か、元気なときのあなたが好きだったってことを、あなたにいっちゃうわけでしょ。デリカシーもないわけだよね。

きっと彼は、自分が悪者になりたくないから、別れるのはあなたが原因であってほしいとおもっているんじゃないかな。そして現状は、あなたは不安で毎日泣いてしまって、彼は泣かれるのが負担なんでしょ。あなたは彼にズタボロに傷つけられてるけど、でも彼は彼でいっぱいいっぱいになってるんだとおもう。

彼のお母さんはテレビ電話で彼の異変に気づいて、彼もお母さんに相談をしているわけでしょ。彼のお母さんの立場からすれば、やっぱり息子のことが心配だろうし、彼に仕送りをしているなら、口ぐらい出すのはしかたないよね。

そうやって、育児だって介護だって看病だって周囲の人はがんばろうとするけど、いちばんがんばってしまうのはあなたのような当事者だよね。でも、がんばる以外の方法を知らない人や、がんばる以外の方法を選べない人は苦労するよ。**人ががんばれるのって終わりの見えている短期間だけだよ。**

ぼくも病人なのでそこらへんの気持ちはわかってるつもりなんだけど、病人になるとなるべく支出を減らそうとするじゃない。でもね、病人になったらある程度の支出はしたほうがいいよ。

健康なときは耐えられた生活でも、病人になったら耐えられないこともあるからね。健康なときに月1回ぐらいの贅沢《ぜいたく》が必要なら、病気になったら月に4回ぐらい贅沢が必要だったりするの。だから病気になるのってコスパが悪いんだよ、所得が下がって支出が増えちゃって。

彼はうつ病になった彼女を捨てたようで居心地の悪さも感じているのかもしれない。なんにしても、悪意なく相手の感情を考えずに正直にモノをいってしまう人なんだろうね。だから、彼が別れたくなくて復縁を望んでいるというのも本音だとおもうし、それでいてあなたに疲れているのも本音でしょう。

想像力が低めなうっかりさんだから、うつ病だろうが健康だろうがこういうタイプの人と一緒にいると、あなたがもっと苦労するとおもうんだよなぁ。

もしも復縁するなら、40平方メートルぐらいの部屋に引っ越すとか、同棲は避けて別々に生活するとかだろうね。別れるのも復縁するのもお二人で決めればいいけど、少なくともダメだった生活を繰り返したら結局またダメになってお互いがズタボロになるんじゃないかな。

なによりも守るべきは自分の精神的な健康です。それはあなたにもいえるし、彼にもいえることです。

Q 人生相談に人生の選択を委ねてはいけない

初めまして。幡野さんの本、ずっと読みたくて先生にお願いして学校の図書室に入れてもらいました！　相談者さんの相談に一文一文丁寧に応えていて、自分の相談に乗ってもらった気分になりました。

私は陸上部に所属していて同学年の女子が4人、そのうちの1人が色々あって退学することになり、今は3人になりました。これまではずっと4人で居たから、移動中や準備の時などは2人ずつふたてに分かれて行動をしていましたが、今は3人ですれ違うことも多くなりました。

3人になってから、私を除く2人が何があったかは分かりませんが急激に仲良くなり、私は1人でいる時間が増え、3人で居てもその2人の話に入っていけず、悩む事が増えました。

陸上をやりたくて入った部活でしたが、今は人間関係に悩んでいます。

春の試合で引退になりますが、その前に自分は部活を続けられるのか。

今でもやめたいと思っているのに、4人で居た時間が楽しくて忘れられなくてやめる事が出来ないです。
長くて拙い文章でごめんなさい。
幡野さんのご意見を頂けたら嬉しいです。お願いします。

（みかん 17歳 女性）

A

「やめるってよ」なのか「やめるってさ」なのかでいつも迷ってしまうのだけど、ちゃんとググったら『桐島、部活やめるってよ』でした。あの映画みたいな話だね。メガネをかけた神木隆之介《かみきりゅうのすけ》さんがカメラを構えている映画のポスターを、どっかで見たことないかな。

原作小説もいいけど、映画もすごくいいですよ、いまのキミにぴったりじゃないかな。エンディングで流れる高橋優《たかはしゆう》さんの曲の歌詞までぴったりすぎて、観たらきっと突き刺さってしばらく抜けないとおもうよ。

桐島くんっていうバレー部に所属するスーパースターみたいな男の子が急に部活をやめて、学校にもこなくなってしまって、連絡もつかなくなってしまうの。桐島くんの彼女とか親友とか、周囲にいた人たちがあたふたしてしまい、どうしたらいいのかわからなくなって、ケンカをしたり、それまでの関係性が崩れたりしてしまうんです。

現実の世界でだって、ちょっとしたことで関係性が崩れたり変化したりってことは、まぁ普通にあることなんですよ。多かれ少なかれ、大人になれば誰しも経験していることだとおもいます。

キミも中学から高校に進学して関係性は変わっただろうし、高校から進学したり就職したりすればまた関係性は変わるでしょ。勉強しようが就職しようが、恋愛をしようが結婚をしようが、どんな関係性も案外一時的なものだったりします。大人でも、職場の同僚が転職したり独立したりすれば、疎遠《そえん》になることも多いんだよ。

大昔の村落じゃあるまいし、関係性が永遠なんてことはありません。ぼくはキミより20歳も年上のおじさんですけど、いま連絡をとっている中学、高校時代の友達は一人もいません。写真の専門学校を1年で中退しちゃったけど、やっぱ誰とも連絡はとってないし、会うこともないなぁ。

でも連絡はとってないだけで、友達ですよ。大人になると、学校にいたときみたいな距離感では付き合えないだけなんだよね。**「関係性と距離感は環境によって変化するもの」**ということを、17歳ぐらいのうちから理解しておいたほうがいいかもしれない。これに気づかないで大人になると、どんどん友達が減っていく感覚に陥っちゃうんだろうね。

産湯《うぶゆ》から棺桶《かんおけ》までを狭い村で過ごすような環境だと、嫌われれば村八分《むらはちぶ》にされちゃうから、生きていくために嫌でも関係性を保ちますよね。だから、関係性が嫌になったら逃げることができるキミの環境って、素晴らしいことなんですよ。世界が広いってことなんです。

陸上部をやめたいなら、いますぐやめちゃったっていい。部活でも仕事でも学校でもなんでもそうだけど、途中でやめることや逃げることがすごく悪いことだという価値観の大人がいるんだけど、あれ『新世紀エヴァンゲリオン』の「逃げちゃダメだ！」ってセリフに影響されすぎだよ。

陸上部をやめて、ほかにたのしいことをすればいいじゃないですか。あたらしい人間関係を作ればいいじゃん。陸上で進学するとか、就職するとかじゃないならやめればいいじゃん。どっちでもいいけど、無理して続ける理由ってないよね。

ぼくは写真の専門学校を中退してるけど、写真家人生にマイナスにはまったくなってないよ。それよりも、あたらしい人間関係を作るのって、勇気がいるけどすごくおもしろいよ。

ぼくは最近ゲイバーで働く男性と出会いました。彼はスタイルが良くて顔立ちが韓流のアイドルにいそうな感じ。でもゲイの世界では前髪系といってモテないそうなんです。

彼がいうには、むしろぼくのほうがゲイの男性からとてもモテるそうなんです。ぼくみたいな男性のことをゲイ用語でGMPDっていうらしいんです。ガチムチぽっちゃりデブの略で、ひでーなっておもったけど、彼らの中では褒め言葉らしいです。

彼の話がすごくおもしろかったから、コロナが落ち着いたらゲイバーに行ってみようかとおもうんだよね。こうやってあたらしい友達がまたできたりするの。

おもしろいものって、自分が知らない話だったり、まだ体験していない世界だったりするんですよ。自分が知っている話だって、いまいる世界で何度も話していたらすぐに飽きられるけど、いまとは違う世界で話せば重宝《ちょうほう》されるかもしれないよね。

そうやって世界を掛け合わせていくと、おもしろさが無限になります。キミが部活の人間関係で悩んでぼくに相談していることだって、「ウェブメディアの人生相談で採用された」っていうのをおもしろがってくれる人はたくさんいます。そうやって自分がおもしろい人になると、自然と人が集まってきて、またあたらしい「おもしろい」をくれます。そうやって**「おもしろさ」自体を成長させることができる**んだよ。

陸上部をやめられないのは、たのしいことを失いたくないということなのかもしれないけど、でも実際はすでにおもしろさを失っているんだよね。それでもやめられないのは、なかなか勇気がでないからだとおもうんです。

部活や友達との時間がおもしろかったのはとてもいいことだけど、変化したり崩れてしまっても大丈夫なように、たくさんの関係性を持っていることって大切です。これからはたくさんの柱で建物を支えるように、おもしろさが一つなくなっても大丈夫なように、たくさんのおもしろさを持っていたほうがいいよ。

『桐島、部活やめるってよ』で神木隆之介さんが演じるのは映画部の生徒なんです。クラスの女子からはバカにされて、男子の中では空気のような存在。スクールカーストの下位にいるんです。でも、映画が好きで映画のことばっかり考えているんですよ。

本当に映画のことが好きだから、桐島くんが部活をやめようが関係ないんです。桐島くんがいなくなって慌《あわ》てるスクールカースト上位の子たちよりも、ずっと落ち着いているんです。

この映画の中で「戦おう。ここがオレたちの世界だ。オレたちはこの世界で生きていかなければならないのだから」というセリフがあるんだけど、すごくいい言葉です。でも、広い世界で戦うのか狭い世界で戦うのか、戦った先になにがあるのかを考えることは大切です。

人生で戦わないといけない時期や、環境はあります。でも逃げてはいけないというわけじゃありません。逃げることが許されない戦いは、勝ち続けない限りいつか戦死するだけです。逃げ道を用意して戦わなきゃ、リラックスして戦えないし本領も発揮できません。

エンディングで桐島くんの親友が泣くシーンがあるんだけど、桐島くんがいたことで成り立っていた不安定な自分の存在と、映画部の生徒と比べて自分には好きなものがないこと、好きなものがあることの強さに気づいての涙だとぼくはおもいました。でもきっと桐島くんの親友も確実に成長をするだろうとおもえる涙なんです。

部活をやめるも続けるも、好きなほうを選んでください。でも選び方には気をつけてね。誰かに決められないように、逃げてはいけないっておもわないように、あたらしい関係性を作るのも、崩れた関係性を修復するのだってあり。でもその選択のすべてに勇気が必要です。

キミがいま経験しているように、人生って嫌なことから学んで大人になっていくものです。大人はそれを経験して知っているものだから、最短距離で答え合わせをするように、ああしろこうしろってキミにいっちゃうし、ぼくも書いてきたけど、実は自分で考えて答えを出したときが大人になる瞬間なんだ。

だから、人生の選択を誰かに委《ゆだ》ねちゃダメだし、誰かに決めてもらってもダメだよ。好きなほうを選べばいいじゃん。自分で考える力がなくて、選択を委ねてしまう人って大人でもたくさんいるんだけど、それじゃダメなんだよ。

それがなぜダメかというと、勇気を委託《いたく》しちゃうからなの。失敗をしても自分で選んだわけじゃないって言い訳してしまうでしょ。それって本当の意味でリスクを負ってない。でもリスクを負う勇気がないと、なんにも挑戦できないし、どこに行くこともできないよね。

それから、図書室にぼくの本をリクエストしてくれてありがとう！　それだってちいさな勇気の一つだよ。おもしろさは成長させることができるけど、勇気だって成長させることができるの。

最初はちいさい勇気なんだけど、だんだんと大きい勇気になっていきます。だからキミも誰にも委託せずに、自分の勇気を持ちましょう。

Q

トンデモとトンデモ以外を分けるものとは何か？

こんにちは

自分も写真をやっていて、幡野さんの写真が好きで、失礼ながら最初、通りすがりでブログを見つけた時（確か狩猟の時の写真でした）この人すごいい写真とるなぁ、写真家になったらいいのになんて思っていたら、写真家さんでした。

私の悩みというのは、幡野さんもたまに書かれていて、かなり経験されたかもしれませんが、いわゆる〝トンデモ〟を勧めたことのある側であるという事です。自分で試して効果があったものや理解したものではあるので、自分自身もちろん誰かに勧める以上トンデモとは思っていませんし、

それをやっていない人を否定したり強制したりはしませんが

情報・選択肢の一つとして、知って欲しいなと思う心境で勧めました。

幡野さんの記事などを見ていると、やはり、何かそういった自然治療のようなものを勧められるのは、とても嫌な気持ちになるのかな？　と思いました。

お節介でも、自分は知れたら嬉しい、知ってよかったと思うし、いろんな本を読むのが好きなので、反対であったとしても知らないより知って、あとはトンデモであれ好きに判断してくれたらいいんですが、

知らない・読まないままにトンデモと言われるのは悲しく、、、

具体的な出来事があったわけではありませんが、

自分が信じているものは側《はた》から見てトンデモと言われるものなんだろうか、、、それを勧めてしまっているんだろうか、、、？　と悩みます。

どれがトンデモで、どれがトンデモでないのかの境もわからなくなりました。。

具体的な境界線ってないとは思いますが、それだけに、トンデモ本人は、徐々に徐々に理解したつもりで深いところに行っている気もします。

私自身、最近読んだ本で面白いなぁと思った著者の名前を検索していたら、あいつはトンデモだ！　とか、それの信者の毒親たちなんて記事も多く見つけてしまい。。

自分自身いろんな本を読むうちに徐々に、怪しいところまで来てしまっているのかなぁと思ったり、、、

幡野さんの中でのトンデモとそうじゃないものの違いはありますか？

また、そういう自然療法的なものを勧められるのは気分が悪いでしょうか？

（笹　31歳　女性）

A

「幡野さんって写真も上手いですよね」と、たまにいわれるんですよ。本業ですよとおもいながらも、写真家という情報がなく先入観無しで写真がいいって感じてくれたわけですから、ぼくとしては褒め言葉なんです。全然失礼じゃないですよ、ありがとうございます。

どう控えめにいっても上から目線になってしまうので、あえて上から目線でいいますけど、あなた見る目がありますよ。写真を見る目がある人は、いい写真の着地点が見えているので、あとはそこを目指せばいいだけです。写真をどんどん撮ってください。失敗したら、失敗した写真をよく見て、次につなげてください。そうやって上手くなります。

ぼくは病気になってからちょくちょく入院するんですが、その度に息子の写真を病室に飾っています。馴染《なじ》みの看護師さんはぼくの職業を知っているけど、病室に毎朝きてくれる清掃のおばちゃんはそんなこと知らないから、「あら、写真上手ねぇー。私も写真好きなのよ」っていってくるんですよ。

そこで「本業なんですよ」は無粋《ぶすい》ですよね。「最近趣味ではじめたんです」とウソをついて、おばちゃんと毎朝写真の話をしたのが、入院生活の中での良かった思い出の一つなんです。

そんな入院生活でいちばん大きな思い出があります。とても大きな出来事でした。ぼくはガンなんですけど、胸骨に腫瘍《しゅよう》がベロリンチョって巻きついていたんです。ベロリンチョの腫瘍が骨を溶かしちゃうから、もうね、めちゃくちゃ痛いんですよ。足の小指をぶつけたときの痛みが常にある感じです。

どうやら様子がおかしいとなって、「生検《せいけん》」というものを受けました。太い注射器みたいなやつを背中からプスッて刺して腫瘍の一部を吸い取って、良性なのか悪性なのか検査をして、確定診断をするんです。こんだけ痛いんだから、調べなくてもヤンチャな悪性だろうっておもうけど、治療するには必要なことなんです。

ベロリンチョしている腫瘍の厚みは10ミリぐらい、注射器の針は4ミリぐらい。それを背中からズブズブやるのって難しそうじゃないですか。ぼくがうっかりくしゃみをして心臓に刺さったら大変だし、医師がうっかりくしゃみをして心臓に刺さっても大変だし。

だから生検のときは、針を刺してCTで確認しながら腫瘍まで進めるんです。その場には医療者が10人ぐらいいたんですけど、みんな防護ベストを着用していました。CTって放射線をだすから被曝《ひばく》対策をするんですね。

ぼくは病人だからいいですよ、ぼくには必要なことですから。でもそこにいた看護師さんはみんな若いし、研修医らしき人もいたし、担当した医師だってぼくとそんなに変わらない年齢です。

たぶん、何ミリかズブズブと針を進めて放射線で位置をチェック、またズブズブ進めて放射線、という感じだったんじゃないかとおもいます。針の位置を確認するときになると、周りにいた人たちがすこしでも被曝を減らすためにその場を離れるんです。でも、担当医はずっとぼくの側《そば》にいました。近ければ近いほど被曝量が多くなるんじゃないかと不安にもなりました。

担当医は、患者の不健康を治すために自分の健康を削っていると、ぼくは感じました。担当医だけでなくその場にいた医療者全員にいえることです。もちろん安全を守った上でだとおもうけど、それでもぼくにとっては、医療者を信頼して感謝をする、彼らを尊敬するに充分すぎる大きな出来事だったんです。

ぼくがガンを公表したときにちょっと話題になって、それを知った友人や親族、20年前に1年間同級生だったぐらいのすでにほぼ初対面にリセットされた旧友まで、たっっくさん連絡が来たんです。電話もメールもメッセージも、通知が止まらない状況になって、お見舞いもたくさん来ました。

　ぼくはコカコーラゼロが好きなのでよく飲んでいたんだけど、お見舞いに来た人がそれを見て「そんなの飲んでるからガンになったんじゃない？」っていってきたんです。人工甘味料がガンの原因という考えなんでしょうね。

　別のある人は、「抗ガン剤治療をしなくてもニンジンやビワでガンが消えるんだよ」とたくさんのニンジンジュースとビワの葉っぱをくれました。あなたのいう自然治療に近い考えの人なんでしょうね。

　はたまた別の人は「なにか悪いことをしたから罰が下ったんじゃない？」といってきました。そこから自分が信仰している宗教の勧誘がはじまります。何の罪もない、ニンジンが大好きなウサギさんだってガンになるんだけどね。

　20年前に1年間だけ同級生だった人には赤ちゃんプレイ療法を勧められました。その人は赤ちゃんプレイ療法の運営者だったので、ぼくを広告塔にして売り上げを増やしたかったのかもしれません。

　面識のない女性からは、「ガンで亡くなった幡野さんは、東京に住んでたから、原発の放射能でガンになったんだ」ってSNSで書かれました。まぁ、原発が嫌いなんでしょう。

　人工甘味料に不信感を持っていたり、ニンジンとビワの自然治療を信じていたり、おなじ神様を信仰する人がほしかったり、商売のためだったり、原発が嫌いだったり。結局のところ、ぼくを救うふりして自分の主義や信条や利益のためにやってるんです。病人を自分の主義を補完するためのものと考えているんです。

それぞれの善し悪しは知らないけどノーリスクで自分の考えを押し付けてくる人たちと、仕事ではあるけどぼくのためにリスクを負って治療をしてくれる医療者、どっちが信頼できるとおもいますか？　病人に寄り添う人と、病人を寄り添わせようとする人じゃ雲泥《うんでい》の差ですよ。

でも、あなたに悪意がないことはわかるんです。ぼくにいろいろ勧めた友人もあなたも善意の人なんですよ。知ってもらいたい、なんとか助けたい、奇跡が起きてほしい。あなたは優しい人です、悪い人じゃありません。でもね、「ありがた迷惑」という言葉もあるし、「地獄への道は善意で舗装《ほそう》されている」ということわざもあります。ぼくは、そういう行いを**「優しい虐待」**って呼んでいます。

ガンという病気になると、多かれ少なかれ患者さんは生き地獄を味わいます。誰もいない真っ暗なドン底を歩くような、孤独感があります。その人たちはドン底から病人を救う天使になりたいのかもしれないけど、ぼくからすれば生き地獄にいる悪魔です。生き地獄の悪魔に苦しめられた病人や、死に際《ぎわ》に優しい虐待に気づいて後悔したご遺族を、ぼくは何人か知っています。

「そういう自然療法的なものを勧められるのは気分が悪いでしょうか？」ってありますけど、少なくともぼくの気分は最悪です。人の命を削る前にやめたほうがいいです。もちろんあなた自身がやるのはいいんですよ。赤ちゃんプレイだろうが、ビワの葉だろうが。ぼくは信仰しているものはないけど、世界的に見たら信じている宗教がない人のほうが少数派だしね。

あなたは受け入れない人を否定したり強制したりしないんでしょう。それはマジでいいことですよ。ぼくが拒否した人たちはだいたい「だからガンになったんだよ」とか「死んだら地獄に落ちるよ」って捨て台詞を吐きましたもん。

ただ、あなたに知っておいてほしいのは、ぼくがトンデモに対していちばん悩んでいるのは、ぼくが死んだ後に妻や子どもに「あなたがコーラゼロ飲ませてたから、死んだんだよ」とか「赤ちゃんプレイをしてたら、まだ生きてたよ」っていってくるだろうってことです。これって急所を狙った報復ですよね。病死した人の告別式あるあるらしいですよ。笑っちゃうけど、これも善意なんだよね。

最近はぼくもちょっと大人になったので、次にトンデモのお誘いを受けたらやってみようかとおもってるんですよ。まあ、でもそれをしたら「トンデモをやったから寿命が縮まったんだよ」って、また反対側の人にいわれちゃうんでしょうね。実際にガンで亡くなった著名人で、標準治療以外のことをした方はいわれてますからね。それはそれで嫌だから、あなたが自分にやることは否定はしません。

もしトンデモを勧めたことが失敗だとおもったら、次につなげてください。そうやって上手くなります。写真と一緒です。間違えることは誰にでもあるんです。あなたが善意に溢れてて優しいのは間違いないよ。あとはその方向性の問題、あなた自身が満足していればいいんだから、他人に勧めるのはやめてほしい。

「幡野さんの中でのトンデモとそうじゃないものの違いはありますか?」ってあるけど、もう一つ記憶に残る入院中の出来事があります。名古屋から車でお見舞いに来てくれた、二人の後輩がいたんです。まだ20代でお金もないのに、来てくれたんですよ。

お土産にコンビニでコーラゼロとカップの氷を買ってきてくれました。カップの氷は、本当はアイスコーヒー用のものでした、冬だったからこれしかなかったんでしょうね。ぼくがよく仕事中やロケの合間に、コンビニのカップの氷にコーラゼロを入れて飲んでいたのを覚えていてくれたんだとおもいます。

「これで病気を治してください!」って二人がそれを渡してきたんです。彼らもいろいろつらかったとおもいます。ぼくも涙を堪《こら》えるのが大変でした。二人をエレベーターホールで見送った後に、コーラゼロで治るわけねーだろってひとりごとをいいながら、誰にも見つからないように泣きました。そして彼らの帰宅の無事を祈りました。

もしも彼らに困ったことがあれば、ぼくはなんでもしてあげようとおもうんですよ。トンデモとそうじゃないものの違いは、こういうことなんじゃないでしょうか。

戦国武将じゃないんだから、背水の陣で挑まなくていい

Q

はじめまして、こんにちは。幡野さんの冷静で客観的なご回答にいつも圧倒されながら拝読させていただいております。

私の悩みは、ずっとなぜか「後ろめたさ」と「妬《ねた》ましさ」を抱えていることです。普段は、ありがたいことにこのコロナ禍でもお金に困ることもなく、私も家族も健康で、大好きな夫も優しくて、とても幸せだと感じております。

が、その反面、ずーっと心に靄《もや》がかかっているような気がしています。先にあげた「後ろめたさ」と「妬ましさ」が渦巻《うずま》いていることを、直視しないようにして生きているような気がします。

この気持ちは一体何かというと、恐らく「何者にもなれていない自分」に対してだと思います。

私は7歳からある楽器を習っておりました。それは、演奏家の親の影響（というより、願い？）ではじめたものでした。（比較的珍しい楽器で、ここで明かしてしまうと身バレの恐れがあるので伏せさせていただきます。）私は、子供の頃はその

楽器がやりたくてやりたくてたまらない！　という感じではなく、あくまで習い事、という感覚でやっておりました。私立中高一貫校に進学し、私は演劇部に入りました。楽器も続けていましたが、演劇部の楽しさはそれとは比べ物にならないほどでした。演劇にのめり込むうち、あれよあれよというまに授業に置いていかれるようになり、私は学校で落ちこぼれになりました。（再々々々試験を受けたことがあるくらいです）そんな私に残された進路は、楽器が弾けることと親のアシストを生かした音大進学だけでした。本当は、演劇の道に進みたい、本気で勉強してみたいと親に相談したこともあったのですが、俳優なんかで食えるわけがないと一蹴《いっしゅう》されて終わりでした。そんなこんなで、たいしてやりたくもないのに付け焼き刃的に音大受験勉強をして、なんとか音大に現役合格することができました。しかし、本人が消去法で選んでいる進路ということもあって、入ってからの４年もかなり苦しいものがありました。その専攻楽器の先生と馬が合わず、練習もやり込む気持ちが持てずそこそこにしかしていけないため、毎レッスン怒鳴られるばかり。同じ門下生の中では浮いた存在だったと思います。命からがら４年できっちり卒業に逃げ込むことができましたが、卒業できた時に感じたのは「これでこの楽器に無理に向き合わなくてすむんだ」ということでした。

本当はここで就職してしまえばよかったのでしょうが、実家暮らしで親の目が間近にあったわたしにはそれをする勇気が持てませんでした。結局、アルバイトの傍《かたわ》ら、たまに親からのおこぼれ演奏仕事をする程度のフリーターになりました。

25歳になった年、突然思い立ってどうしても演劇をやってから死にたいと思うようになり、一人暮らしを始めて小劇場演劇の世界に飛び込みました。当時は本気でここからプロの俳優を目指すんだと思っていましたが、当然思うようには行きませんでした。あの世界は、芝居がうまくなくてもお金があれば役が貰えます（チケットノルマ制で誰でも良いような役があったりするので）。お金で役を買っている状態では、うまくいくはずがありません……。

2年ほどどっぷりと演劇に浸かりましたが、突然始めた一人暮らしで借金が自分の想像以上に大きくなってしまい、働くことやお金を返すことに集中する必要が出てきました。また、演劇の世界で、人生共にするならこの人だという人にも出会ってしまったので、〝ちゃんと〟しなくてはと思い、演劇をお休みしてしっかり稼ぐために派遣社員になりました。これが4年前の28才の頃です。

いま、ありがたいことにその人と結婚して1年が経とうとしています。派遣社員も5年目、演奏アルバイトはコロナ禍なので減っていますが、たまにいただけることもあります。演劇は年1回、関われるか関われないかという感じです。

こう見ると「どんだけ充実してるんだ」と怒られてしまうかもしれませんが、私はただの「マルチタスクこなし屋」でしかなくて、何者にもなれていない自分に引け目を感じます。プロの演奏者としてはすごくヘタクソで、同じ楽器を弾く演奏者に会うのが怖いです。演劇はいまでもやりたいですが、売れたいという願望はなく、なによりいまの生活を犠牲にしたくないという気持ちが強いです。でも、役者仲間が稽古を毎日頑張っている模様などを知ると、とても羨ましく思います……。

とても長々と書いてしまいました。すみません。

私の願いは「こんな自分に納得する、満足する」ことです。そのためにはどのようなマインドを持てば良いか、幡野さんのアドバイスをいただけませんでしょうか。

随分《ずいぶん》と勝手な話で大変恐縮ですが、何卒よろしくお願い致します。

(ジンライム 32歳 女性)

A

いままでこの日本で「好きなことを目指す↓生活が成り立つかわからない↓あきらめる」という図式が何億回繰り返されたんでしょうね。ぼくも若いころ、この図式にハマりそうになったけど、いま振り返れば視野が狭かったし、アホくさい図式ですよ。

好きなことと収入が結びつくのは理想かもしれないけど、そもそもそこは別でもいいじゃないですか。好きなことをする、というのが目的であって、収入は生活を保ったり、好きなことを継続したりするための手段にすぎません。

そうやって目的と手段を切り分けて、あとは一年365日の時間をどう配分するかの問題だけだとぼくはおもうんです。好きなことに時間とお金をどれだけ多く配分するか、生活水準を上げたり、他の好きなものに投資したり。そのときにいちばん大切なのが、自分の価値観なわけで、いちばん不要なものが他人の目ですよ。

役者として売れて有名になってお金もがっぽり稼いでいるのって、スターだけじゃないかな。でもスターって現実的には目指そうとおもっても難しいですよね、極端なことをいえば社会の需要で決まるわけだから。

そこまで求めていなくても、そもそも好きなことをするって、けっこうお金を消費しますよね。写真の世界だってそうですよ。お金がすごくかかります。機材にお金がかかるのは当然のこと、撮影に行くのだってお金がかかります。

演劇や音楽の世界でもそうなんでしょうけど、チケットの自腹購入ってありますよね。チケットを友達や家族なんかに手売りして、それがギャラになるっていうシステム。写真家の世界では写真集がそれに近いんですよ。

書籍って出版すると報酬として印税が貰《もら》えるのが一般的だとおもうんですけど、一部の写真集って逆なんですよ。お金を貰えるんじゃなくて、お金を払うんです。ざっくりな話ですけど、たとえば3000円の写真集を1000部刷ったら300万円分の商品ができますよね。それを著者である写真家が100万〜200万円ぐらい支払って買い取るんです。

出版社はそれによって赤字が回避できて、写真家は自分の作品を出版できます。もちろん写真集のすべてではないけど、この仕組みで出版された作品も少なくありません。ぼくはこの商法自体に疑問を持っているのでやっていません。

でもなんで写真集の出版がこんな構図になっているかというと、社会の需要があまり無いからなんです。ぼくだって年に2冊ぐらいしか購入しないですもん。

もちろん、チケットの自腹購入でも、写真集の自腹購入でも、やっている人を否定するつもりはまったくないんですよ、だって好きなことをするってお金がかかりますもん。あくまでお金をどこにかけるかの価値観の違いです。

ただ、とくに若い人には、お金と好きなことが密接な関係にあることは気づいてほしい。あなただって、好きなことにはお金がかかる、ということを理解していたら、もうちょっと違う攻め方ができたかもしれないじゃないですか。ぼくだってそうですよ、いまおもえば、もっとお金のことを理解してから写真家を目指すべきでした。

当然といえば当然なんだけど、手元にお金があればあるほど、好きなことはたくさんできるし、夢だって叶《かな》いやすいし、目的地に到達するのも早いんだよね。お金によって環境を整えることだって可能だから、技術も向上させられるんです。

あなたは親が演奏家で、7歳から楽器を習っていたわけですよね。あなたの家がお金持ちなのかはわかりませんが、ゼロからおなじ環境を作るには莫大《ばくだい》なお金がかかるわけです。演奏家を目指すならいい環境だし、たいしてやりたくなくても音大に現役で合格しちゃうわけじゃないですか。

それぐらい環境ってすごいです。もちろんその先にはやる気や才能も大きく関わってきます。音大に入学したら、その人たちの間では普通のことになってしまうわけで、やりたくて入学した人との差に苦労しますよね。

でも、それってすべて他人の目だとおもうんです。「浮いた存在」とか「同じ楽器を弾く演奏者に会うのが怖い」とか。親であろうが他人の目だからね。自分の目と他人の目って、視点も目的も違うんだから、他人の目を気にしても本当に意味がないんだよね。

だからあなたはやっぱり他人の目を気にしすぎているとおもうよ。ちいさいころからずっと親の目を気にして好きなことができなかった、いまでも『どんだけ充実してるんだ』と怒られてしまうかもしれませんが」と誰かの目を気にしてるし、最終的には「何者にもなれていない自分に引け目」まで感じてる。

他人の目ばかり気にしている人って、いつしかそれが自分の目にすり替わっていることに気がつかないんだよね。誤魔化《ごまか》すために世間の目みたいなことをいってしまうのだけど、世間は自分がおもうほど自分を見てないし、気にもしていないです。他人の目を気にしている人って、みんな自分の目を気にしているだけなんだとおもう。

世間体って言葉があるけど、そもそもスターでもないのに世間から注目されるわけがないんだから、世間の目なんて存在していないんですよ。世間の目を気にしている人は、そんなに世間からの注目度が高いのかって話ですよ。

音楽とか演劇とか写真とか、そういう芸術分野の世界にいると、とにかく才能って言葉がつきまとうじゃないですか。ぼくは才能ってイマイチわからないんですけど、ぼくとおなじ職業の人でぼくが知る限り、才能があると自覚してやってる人なんてほとんどいないんですよね。みんな筋トレのようにコツコツ努力して技術を積み上げているんだとおもいます。筋トレしたことないから知らんけど。

あなたには才能があるからできるんだ、とか、私には才能がないからやめよう、とか。才能という言葉を盾《たて》にも矛《ほこ》にもして何もやらない人がいるんだけど、これって妬みとおなじです。もちろんおなじ筋トレ量でも成長速度は人それぞれ違うだろうけど、きっと自分より成長する人を見ると、自分のコツコツ努力を無視されたような気持ちになるんだよね。何者にもなれていないと感じて、それで苦しいなら、何者かになるために、いまからやるしかないんじゃないですか。演奏はプロとしては下手くそ（といってもすごいんだろうけど）、演劇も上手くいっていないかもしれないけど、演奏ができて演劇もできる人になれば、また話は違うでしょ。

演奏が70点、演劇が70点でも合計点が140点になれば、演奏90点の人に勝てますよ。もちろん演奏の世界じゃ負けるかもしれないけど、社会の需要でいえばそうとも限りません。ぼくだって別にそんなに写真が上手いわけじゃないですよ。30代の写真家の中では写真はわりと普通ですよ。文章を書くのだって別に上手いわけじゃないですよ。でもこの二つが重なった合計点で仕事が発生してますもん。

幕の内弁当ってあるじゃないですか。シャケとか唐揚げとか漬け物とかが入ってるけど、お腹いっぱいになったあとに何を食べたかよく覚えてないですよね。トンカツ弁当とか、カレーとかハンバーガーを食べると、何を食べたか明確に残るじゃないですか。「マルチタスクこなし屋」さんってまるで幕の内弁当みたいなんだけど、それぞれの質を上げていけば、三段重のお節料理になるかもしれないし、あたらしい具材を追加することだって可能ですよね。

ぼくは1月にみかんを売りましたよ。愛媛の紅まどんなという品種です。ぼくはこのみかんが好きなんです。だから売ったんです。それだけなのに、たぶん今シーズンの東京都内の紅まどんな販売数ではトップクラスだったとおもいます。

あなたもやればいいんですよ、演劇をやりたいんだから。まずはやりたいことをやりましょう。でも、「演劇をやってから死にたい」だとか、「いまの生活を犠牲に」だとか大袈裟《おおげさ》なんですよ。なんでそんな背水の陣で挑むんですか？　あなた戦国武将じゃないでしょ？　ぼくだってみかんを売って死にたいとか、離婚をして仕事を失ってでもみかんを売りたいなんてことにはならないですよ。あくまでいまの生活への上乗せです、好きなことの上乗せ。だからどんどん人生が充実するんです。人生を犠牲にしなくても演劇ってできませんか？

おなじ楽器の演奏者に会うのが怖くて、役者仲間にも負い目を感じて、いまのままいけばそのうち役者仲間に会うのも怖くなるよ。そして成功した友人を妬んでしまうの。

演劇で生活が成り立たないなら、派遣社員と演奏のバイトでいいじゃないですか。お金の計算をしっかりとして、時間の配分をしっかりと考えて、その上で適切に努力をすればいいんですよ。**努力をした人が成功するわけじゃないけど、何もやらない人に成功は訪れません。**

「好きなことを目指す↓生活が成り立つかわからない↓あきらめる」みたいな考えだと背水の陣になるんだけど「好きなことを目指す↓生活が成り立つかわからない↓他のことで生活を成り立たせる」という考えだと持久戦になるから、好きなことをできる期間が長くなります。

何者かになれるかどうかはわからないし、みんな何者かになりたがるんだけど、なりたくない自分を想像してみることも大切ですよ。

自分が何者にもなれてないという後ろめたさと、あなたの経歴を聞いた人から「すごい」っていわれることの居心地の悪さがあるんだろうし、活躍する人を見て妬ましさがあるんだとおもうけど、本当はそういう人にはなりたくないでしょ。

いいじゃないですか、コロナ禍でもお金に困ることもなく、健康で、大好きな旦那さんも優しくて、とても幸せなのに、そこにやりたいことや好きなことまで上乗せできる。あなたの人生は犠牲にならず、さらに幸せになるだけですよ。

情があるなら、地獄が見えていても止めない

Q

こんにちは
幡野さんのPARCOの展示に行った事があります。

新宿駅のホームで寝そべってる人の写真が好きです。

相談なのですが、トンデモに関する相談の回を読んで、幡野さんに相談したいと思い書かせて頂きました。

私と友人（女性）の話です。率直に言うと、マルチ商法にハマってしまった友人と、どのように今後付き合うべきかを悩んでおります。

彼女とは十数年の長い付き合いで、一緒に上京した仲間でもあります。

彼女は私より早くに結婚をして、1人子どもを授かり専業主婦をしていました。

私から見て、とても恵まれた環境で幸せそうに見えましたが、彼女は結婚当初から旦那さんの文句を度々言っていました。今思えば、きっとその頃からだいぶ孤独を抱えてたんじゃないか？　と思っています。

私は、独身を謳歌《おうか》していた事もあり、その彼女との環境の違いから会う頻度が

徐々に減ってしまっていました。

久しぶりに彼女の家に行くと、どっぷりとマルチ商法にハマってしまった彼女がいました。どうやら、ママ友経由でマルチ商法の世界に入ったようです。

マルチの商品を買い漁《あさ》り、一般的には口に入れてはいけないと言われているものを、良い製品だからと言って、料理やお茶に入れて飲んだりし、子どもに対しても使用していました。

そんな様子を心配していた別の友人と一緒に2対1で「そんなうまい話は無いんだよ」と一度説得も試みましたが聞く耳持たず。

最終的に彼女は、マルチ商法を続け、旦那さんともそれが理由では無いのですが離婚し、シングルマザーになりまして。

そこから加速して、今は元々やっていたマルチ以外の他のマルチの商品にも手を出したり、ガチガチの似非《えせ》科学の浄水器を取り付けていたりと、私から見るにいいカモにされまくり状態になっております。彼女自身は昔からスピリチュアルな物が好きで、人を疑わない性格というか、あまり考えずに直感で良いと思うものに飛びつくタイプではあったので、引っ掛かりやすい素質はありました。

気になるのは元々明るい性格なのですが、今は、無理して明るく振る舞ってるよ

A

うに見えている点です。マルチをやってる人ってポジティブを求める印象があるんですが、彼女もそうしなきゃいけないと思い込んで、誰にも辛いって言えていないんじゃ無いか？　と心配しています。

どうでも良い人だったら、マルチ商法に手を出してるって時点で関わらないようにするのですが、彼女に対しては情があるので、マルチの話には触れずに時々会っています。

ただ、マルチに触れず付き合うのも距離感や彼女に対する疑いが私の中に生まれて膨らんでいってしまっておりモヤモヤした気持ちになっています。この先、彼女がマルチに手を出す前のような関係に戻る日は来るのでしょうか？　前のように戻れなくても今後も付き合っていった方がいいのか、それとも距離をとってしまった方がいいのか……

彼女の子どももこの先心配です。

どう付き合っていけば、お互いの為になるのかアドバイスお願いします。

（マルチの友人 33歳 女性）

マルチ商法にハマっている人に「そんなうまい話は無いんだよ」という説得は、いちばん効果がないどころか、たぶん逆効果だとおもいますよ。

あなたからすれば説得でも、彼女にとっては批判になります。しかも、そんないちばん想定されそうな批判を、彼女の周囲にいるマルチ会員やマルチ会社が対策していないわけがないですよね。そうやって批判されることによって、むしろマルチ会員同士は結束を強めていくんじゃないかとおもいます。

最近はずいぶんと減りましたが、10年ぐらい前までガソリンスタンドで給油するたび店員さんから、「タンクに水が溜《た》まってんスけど、水抜き剤使いませんか?」ってよくいわれたんですよ。

いつも断ってるんだけど、一度だけチクリと「ガソリンタンクの底が見えるんですか?」って聞いてみたら「キャップの裏に水滴がついてるんスよ」って返されたんです。これにはいい返せなくて、一度だけ水抜き剤を入れました。効果のほどはわからないけど、商売っていろんなことを想定して対策しているなって感じました。

ぼくは以前、ネットで検索すると「マルチ商法」とサジェストされる企業の商品の撮影をしたんです。広告代理店経由で制作会社のディレクターからぼくに依頼がきました。

「モノはいいから」ってことを、そこの商品にハマっている人たちはよくいいます。商品を撮影して知ったんですが、製造は専門の有名メーカーがしていました。そりゃ確かにモノはいいのかもしれません。コンビニのPB（プライベートブランド）商品が好きでよく買いますけど、パッケージの裏をみたらどれも一流メーカーが製造してますもん。それとおなじですよね。

コンビニのPB商品は消費者にメリットがある形になっています。PB商品のお茶とかお菓子って、メーカーの製品よりもすこし安くしていますよね。

でもその企業の商品って、おなじメーカーが売ってる製品の3倍とか4倍の値段で売るんです。モノはいいんだけど、高いんですよ。ぼくが撮影した1000円の商品を作ったメーカーが製造したほぼおなじ商品が、スーパーでは250円とかで売ってるの。つまりその企業の商品ってモノがよくて、高いんですよ。

高くするために「健康にいい」とか、そういう付加価値をつけるんだけど、その辺の真偽はわかりません。あとは、高値で売って利益を会員に還元という仕組みなんだろうとおもいます。

会員の方には申し訳ないけど、個人的には、収益が目的でやるのは危ないとおもいましたよ。少数の人だけが儲《もう》かって、ほとんどの人が儲からないというのは、多くの人が指摘していることです。

ぼくの友達にも親族にもマルチ商法にハマってる人がいました。彼らのうたっていた理想は何年経っても叶えられていないし、ぼくの価値観では、彼らは人から憧れられるような生活はしていません。

彼らは、自分がハンターになったつもりで鴨《かも》を探しているんだけど、自分自身が鴨になっていることに気づいていないんです。儲かっている人の話を散々聞かされたり、会社自体がめちゃくちゃ儲かったりしてるから、誤解しちゃうんでしょうね。

それでもなんでみんなそこまでハマってしまうのかとおもうんですが、有料のサークルだとおもえば理解しやすいとおもいます。実は彼らは仲間同士集まって、バーベキューをやったり遊びに出かけたり、それなりにたのしんでいるんです。マルチ商法の集まり自体がコミュニティになっていて、参加した人はあたらしい友達や繋がりができるから、それまでの人間関係を失うことも怖くありません。

お金を稼ぎたい人だけじゃなく、社会において孤独感を抱いている人とも、マルチ商法はマッチしちゃうんですよ。友達ができてたのしく稼げたら夢みたいじゃないですか。

もちろん、自分の家族がマルチ商法にハマるのはそれなりに大変だとおもいます。彼女自身もママ友から勧誘されてマルチ商法にハマったように、子どものころに自分の親がマルチ商法にハマって、友達の親を勧誘されたら、確実に自分の人間関係にも影響を及ぼしますよね。というか最悪だよね、想像したらゾッとした。

勧誘をして相手を釣り上げられる確率なんて低いだろうし、むしろ反感を買うのだろうから、「〇〇ちゃんと遊んじゃダメ」って裏でいわれる可能性もあるし、イジメにもつながりかねないですよ。もしも彼女が自分がされたようにママ友を勧誘していたら、お子さんは孤立しかねないよね。

うちの妻もたまーにマルチ商法の勧誘されちゃうんです。家族が危ないマルチ商法にハマると家庭崩壊しかねないし、すべてを失いかねないわけです。だからぼくは妻にマルチ商法なんて無理だという話をよくするし、もっと簡単なお金の稼ぎ方について話したりしています。

うちの妻は断ることが苦手なので、マルチ商法に勧誘されたら「うちの夫がこの会社と取引していて、協力会社割引が適用されてかなり安く買えるんです。本当は守秘義務があるから内緒にしてね」って答えるようアドバイスしています。

ぼくもいままでに何度も勧誘されてますけど、こうやって断っています。もちろんウソだけど。相手の否定にはならず、でも相手からマルチ製品を購入する理由も消えます。むしろ一目おかれるから、すごく優れたウソですよ。

けっこう本気で信じる人が多いんだけど、ぼく経由で購入すれば儲けが増えそうなものなのに、そういう打診《だしん》はしてこないんですよ。そういうビジネス感覚は持ったほうがいいとおもうんだけどね。

あなたがヤキモキして心配をする気持ちはとてもよくわかるけど、彼女が突然やめる意思を持つことはないとおもいます。ギャンブルや投資とおなじで、これまでにたくさんお金をかけていたら損切りの勇気もなくなっているだろうし、彼女にとってマルチ商法が大切なコミュニティになっている可能性も考えると、やめるのはかなり難しいんじゃないですかね。

あなたが絶対にマルチ商法なんてありえないっておもうように、彼女はその販売システムとその製品がサイコーっておもってるわけですよ。「彼女がマルチに手を出す前のような関係に戻る日は来るのでしょうか?」ってあるけど、これはもう難しいでしょう。彼女には、きっともうあなた以外のところにコミュニティがあります。あなたはあなたのコミュニティの中の人たちが、今後マルチにハマらないように気をつけることくらいしかできません。

仮に、何かのきっかけで、彼女がこれまで信じてきたものがウソだったとか、自分は騙《だま》されていたとか、そういう考えに変わったとしたら、メチャクチャ喪失感があるとおもいますよ。これまでに友達や親族からも反対されてただろうし、縁を切られた人もいるでしょう。お金だってつぎ込んできただろうし。

ぼくがあなたの立場だったら、彼女のことを応援するとおもいます。縁を切りたくないくらい情がある友達だったら、地獄が見えていようがマルチ活動を止めません。反対も批判もしないで、困ったことがあったら相談してねって会うたびに伝えます。もちろん製品は買わないけどね。

借金が重なったりお金が底をついたりすれば彼女も気づかざるを得ません。人はお金に困窮すればするほど選択を間違えるから、本当に困ったときに助けを求めてくるように声をかけておくのがいいんじゃないですか。

そのときに生活保護の手続きや、自己破産や債務整理などの手続きの手伝いをしたり、それまでに縁を切った人たちとの間を取り持ったりしてあげればいいんじゃないですか。でもぼくは、いままでにマルチ商法に勧誘してきた人とは全員縁を切ってるけどね。鴨がハンターから逃げるのは当然でしょう。

編集部より

マルチ商法はただちに違法になるものではありませんが、トラブルが生じやすく、消費者庁や国民生活センターより注意喚起が行われています。また、マルチ商法の勧誘であることを隠して呼び出すこと、密室での勧誘、「必ず儲かる」などの誇大な宣伝は法律で禁止されています。

人生は勝ち負けじゃないから、わざわざ闘わないほうが楽

Q

こんにちは。幡野さんの回答をいつも拝読しています。

ご相談したいのは、嫉妬《しっと》との付き合い方です。

私がお付き合いしている男性は、私の前に長く付き合った女性がいました。周りからはお似合いのカップル、結婚秒読みと言われていたと共通の知り合いから聞きました。もう彼と別れて随分《ずいぶん》経つ、知りもしない元カノに、時々ふと猛烈に嫉妬の気持ちが湧いて苦しくなります。本当は彼は元カノと結婚した方が幸せだったんじゃないか、私は「彼女」のポジションを「借りている」のではないかと不安になります。

共通の知り合いから聞いたところによると、元カノさんは美人で仕事ができて人望がある素晴らしい人で、なぜ別れたのか全然分からない、残念だと言っていました。おそらく他の人から見て、私に元カノさんの話をせずにいられないほど、私は彼に不釣り合いなのです。

彼は元カノの話をしませんし、私を大切にしてくれます。きっとこれは無駄な悩

みです。（そもそも、元カノさんが今どうされているかも分かりません。もう他の人とお付き合いされているかもしれません）でも、万が一彼がやはりその人と生きていきたいと言えば、私は気持ちを引き留められるだけのものは無いだろう……などと考えてしまいます。

本当は私が闘うべきなのはその女性への嫉妬なのではなく、自分への不信なのかもしれません。

とにかくモヤモヤ、キリキリと苦しいです。なんとか自分の気持ちをうまく宥《なだ》めたいです。方法をご教示ください。

（まり 女性）

A

「なんとか自分の気持ちをうまく宥めたいです。方法をご教示ください」……うーん、わかんないっすよ。そもそも「宥めたい」が読めなくて、コピーエーンドペーストして検索しました。なだめるって読むんですね、てっきり酒の肴《さかな》的なものかとおもいました。

自分の嫉妬心を宥める方法ってあるんですかね。年齢を重ねれば落ち着くかもしれないし、なにかの実績や自信みたいなものがあれば落ち着くのかもしれないし。もしも嫉妬心を宥めるいい方法があれば、義務教育の段階でぜひ日本中に広めてほしいくらいです。

それはさておき、あなたと彼の共通のお知り合いの方、どう控えめに考えてもダメでしょ。「お似合いのカップル、結婚秒読み」といっても元カノは別れてるわけだから、その知り合いも周りの人も見る目がないだけですよね。

しかも、「なぜ別れたのか全然分からない、残念だ」ということは、別れる前に相談されてないし、別れた後も理由すら知らされなかったってことですよね。それなのに、よそのカップルを勝手な理想像に当てはめて、「残念だ」なんていっちゃうわけですよ。「元カノさんは美人で仕事ができて人望がある素晴らしい人」だなんて、まともな大人ならそれが真実だとしても、今付き合っているあなたにわざわざいいません。びっくりするほどデリカシーフリーです、デリカシーから解放されるってすごいね。

ぼくからすればその知り合いは、ただの恋愛破壊工作員です。フレンドとエネミーを掛け合わせたフレネミーって造語があるんですけど、きっとそのお知り合いは友達の顔をした敵ですよ。なんでせっせと恋愛破壊工作活動をしているかというと、きっとあなたに嫉妬しているからです。ほんと嫉妬って迷惑ですよね。

恋愛破壊工作員の情報をまともに受け止めなくていいんです。精度の低い情報を人に話すし、彼と元カノから信頼されてそうな気配もないし、その上デリカシーフリーなんですよ、どう控えめに考えてもヤバすぎでしょ。

だから、「お似合いのカップル、結婚秒読み」「元カノさんは美人で仕事ができて人望がある素晴らしい人」も、どこまで事実かわかりませんよ。世の中のカップルなんてだいたいお似合いなんだし、なんで仕事や人望まで元カノさんのことを評価できるんですかね？元カノさんとよっぽど近い関係性じゃないとわからないですよね。同僚クラスの距離感じゃないと人事評価なんてわからないし、随分前に彼と元カノが別れているのなら、彼との知り合い歴も随分長いわけですよね。

なんにせよ関係性がよくわかりませんが、とにかくそのお知り合いのいうことは信用しなくていいんじゃないかとぼくはおもいます。

なので、まずは恋愛破壊工作員と距離をとりましょう。絶対に近づいちゃダメ。どうしても近づかなければいけない関係性なら、その人だけには弱音をはかない、弱みはみせない。心配事や愚痴もいわない、どこにデートに行ったとかそういう情報も与えない、なにより本音をいわない。

その知り合いが本当にヤバい人なら、そういうところからつけ込んでくるし、つけ込むのがめっちゃ上手いからね。美味しい漬け物でも作っていてほしいよね。もしその人がヤバい人か見極めたいなら、ウソの不幸話とウソの幸せ話をして、どっちにより食いついてくるか、どんな反応を示すかでだいたい判断できるよ。そういう人は他人の不幸が好きみたいだからね。

ところで、なんであなたは彼のことを信じないんですか？　彼は元カノさんの話をしてないんですよね。たまに元カノのことを付き合っている恋人にペラペラしゃべる人がいるんだけど、そういうタイプじゃないんですよね。デリカシーがあるってあなたの彼みたいな人のことですよ。

「でも、万が一彼がやはりその人と生きていきたいと言えば、私は気持ちを引き留められるだけのものは無いだろう……などと考えてしまいます」ってあるけど、彼はそんな感じのことをいったんですか？

きっとそんなこと微塵《みじん》もいってないですよね。彼は元カノの話はしない上に、あなたのことを大切にしてくれるんでしょ。しかも別れてから随分経っているわけで。

デリカシーのある彼からの一次情報を信じないで、デリカシーフリーな恋愛破壊工作員からの信頼度の低い情報を信じて、そのうえ彼がいってもいないことで悩んでいるわけです。これはあなたの嫉妬ですよね。はっきりいって、彼からすればあなたの嫉妬って寝耳に水だし、ショックだとおもうし、もはや理不尽だとおもいますよ。

彼が元カノと付き合っていたことは変えようがない事実なわけだから、あなたが彼に悩みをぶつければ、彼は弁明をしたりなぐさめたり、場合によっては謝罪をしたり、まさにあなたの気持ちを宥めるしかないわけです。彼がどんな人柄なのかわからないけど、ぼくだったら面倒くさいから逃げてしまうとおもいます。

あなたの恋愛遍歴を見直してほしいんですが、これまでにも付き合った男性の元カノに嫉妬したことはありますか？　それならもう、そういう性格なのかもしれません。そうじゃなくて、今回みたいな悩みははじめて、というなら、恋愛破壊工作員の活動の成果かもしれない。そりゃ誰だって不安になるよね。

あなたが前者か後者かはわからないけど、どちらにしても恋愛破壊工作員は脅威だということと、自分が破壊工作に弱いって自覚を持つことをおすすめします。破壊工作員って恋愛だけじゃなくて、仕事とか子育てとかいろんなところにいるからです。わざわざ人を煽《あお》って不安にさせる人のことなんですけど、子育てとか、がん治療の現場なんかにめちゃくちゃいますよ。

ぼくが写真家を目指していた若いころって、周囲に破壊工作員やフレネミーが腐るほどいたんですよ。いま振り返れば文字通り腐った人たちで、共通点は全員不幸な人でした。人の成功や幸せよりも、人の失敗や不幸が好きな人たちでした。

ぼくは嫉妬ってまずしないんですよ。嫉妬されることの面倒くささや理不尽さを過去に何度も、それに現在進行形でも日々体感しているからです。健康なときは仕事が順調で、結婚して子どもが生まれて、ライフスタイルや趣味まで充実してたから、やっぱり嫉妬されたんです。

まあそれは想像がつくじゃないですか。でも病気になったときに、病人から嫉妬されたんですよね。それがぼくはけっこうショックで、いまでも心に刺さった棘《とげ》なんです。健康な人から嫉妬されたら闘うこともできるんだけど、おなじ病人からの嫉妬はさすがに言葉を失いました。

嫉妬って最強の矛と盾です。刺されても、こっちは宥《なだ》めることしかできないからね。でも宥めたところで嚙《か》みつかれるだけだから、「不幸な人だなぁ」っておもうことで自分の気持ちを宥めてます。

嫉妬心ってぼくは本当に無駄な感情だとおもうんですよ。もちろんそれがなにかの原動力にもなるかもしれないけど、破壊工作員やフレネミーのようなネガティブなものを生みすぎているとおもいます。嫉妬の原動力に怒りまでのると恐ろしいことになるから、恋愛破壊工作員の怒りを買わないように気をつけてね。

ぼくは**嫉妬をしていないで、褒めているほうが圧倒的に楽だとおもいます。**ぼくはおもしろい文章を書く人とか、すごい写真を撮る人とか、素敵なライフスタイルの人とか、そういう人をみかけたら「おもしろい！」とか「すごい！」とか「素敵!!」って拍手をします。

人生って勝ち負けじゃないから、わざわざ闘わないほうが楽だよ。わざと一回戦で不戦敗して、あとはトーナメントを観戦していたほうがたのしめるとおもうんだよね。

結局のところ、あなたの嫉妬心って経験でなんとかなるんじゃないかな。いま苦しんでいるのも彼とすごした時間が足りないだけだとおもうので、ゆっくり時間を重ねていくしかないとおもう。あ、あと、彼にも恋愛破壊工作員にもここで相談をしたことは絶対教えないほうがいいよ。

あなたと彼氏さんも世の中のカップルとおなじできっとお似合いのカップルでしょう。そもそも、お似合いじゃなきゃ付き合わないでしょ。

借金は身内にほど打ち明けづらい

Q

自分の割り切りの速さが冷たい人間のように感じられて、このままでいいのか悩んでます。

最近、両親が離婚しました。私ももういい歳《とし》だし、離婚に関しては夫婦の問題として2人で解決して欲しいと伝えましたが、それでも意見を求められることもあり一応話し合いには応じました。

離婚の原因は元々は父が母以外の人と本当の恋がしたいという想定外のものでしたが、母が応じるなら止められるものではないし、父は元々そういう夢みがちなところがあったし、父のある一言をきっかけに10年以上口を利かない時期もあったので大きく傷つきませんでした。

一方で母とはずっと仲も良く、時間が合えばお茶をしたり、在宅勤務になってから実家で雑談しながら仕事をしたりとかなりいい関係でした。

しかし、離婚の話になってから様子がおかしくなり、最近合計で80万円近くの借金をしていることがわかり、さらにその内20万円が自営業のお店のお金ということもあり、かなりショックを受けました。いっそ闇金から200万と言われた方がマシだったのでは？　と思うほど、お店のお金ということが辛かったです。

1日は「あの時の美味しいご飯はこのお金だったのか」「あの旅行はここからお金を出していたのか」と楽しかった思い出が汚れていくようで悲しかったのですが、どう考えても私悪くない、と急に踏ん切りがつき、一気に気持ちが落ち着いてしまいました。

しかし、大事に育ててくれた母に対する気持ちが、こんなに一瞬で冷めていいものか。まるで私は人でなしではないかとも思われて、どう整理したらいいものかわかりません。

（今思うと、父はこのことを知っていて、離婚を切り出したのかもしれません。）

こんなにすぐ割り切ろうとする私は冷たいのでしょうか。そして冷たいことは悪いことでしょうか。


（リボちゃん　31歳　女性）

A

ぼくも合理的に考えてさっさと割り切ってしまうタイプなので、冷たい人間っていわれることもあるんですけど、あくまでぼくからすれば、あなたが冷たい人間だとはおもわないですよ。それに、映画やドラマに出てくるような、熱い人間が情熱で物事を解決する話のほうが世間的にはウケもいいのだろうけど、冷たい人間がダメってわけでもないとおもいます。

ぼくがあなたとおなじ立場でも、やっぱり両親の離婚には反対しないでしょうね。親だからって、成人した子どもの結婚に対する決定権はありませんよね。親の離婚も、子どもにはなんの決定権もありません。大人なんだから二人で解決してくださいよ、ってぼくは考えるとおもいます。

ただ、もしもぼくが「お父さんの友達」という立場で、お父さんと焼き鳥屋でお酒を飲みながら「本当の恋がしたいんだよね」と夢みがちな離婚の相談をされたら、言葉の裏に並々ならぬおもいがあるのかもしれないけど、やっぱり「夢を見過ぎだよ」って答えるとおもいます。

離婚自体には反対しないけど、その先で本当の恋ができるかどうかはかなり疑問を持ちます。あなたのお父さんがどんな人か知らないけど、映画やドラマに出てくるような情熱たっぷりの恋を求める年齢ではないのではないかな。それよりも、介護などを見据えた冷静な恋を勧めるとおもうんですよね。

だからお父さんの友達のぼくは、お父さんの熱い夢に冷や水を浴びせてしまうとおもいます。きっと冷たい人間っていわれるんだろうな。とりあえず、そのときの焼き鳥代はぼくが出しますよ。焼き鳥代ぐらいじゃ冷たい人間とおもわれたままかもしれませんが。

ところで、ぼくもたまに借金の相談を受けます。ウェブ上では知らない人から人生相談をされているんですが、リアルな人間関係では借金の相談をされることがあります。

借金って、ぼくの感覚では、家族に隠したい話だとおもうんです。借金がばれて離婚したなんて話を聞きますよね。親の借金で、ある日突然家が差し押さえられたとか。恋人に借金がばれて結婚できなくなった、なんて話もありそうです。

借金って、近い関係の人ほど不利益を被る可能性があるんですよ。だから家族ではなく、家族にばれないよう友達とかに相談しようとするんでしょうね。実際、ぼくに借金の相談をする人はそういう人が多いです。

ぼくは一度だけ人にお金を貸したことがあります。結論をいえば失敗でした。なかなか返済してくれず、催促するのがかなりストレスだったし、無利息で貸しているのに、取り立てるこちらが悪人かのような態度をとられてしまったんですよね。

大きなストレスだけがあって、メリットはありませんでした。人間関係も壊れるので、本当に、百害あって一利もありません。もう二度と人にお金を貸さないと決めています。いまはもし相談されたら、まずは債務整理についてアドバイスしています。仮に貸すとしても、あげてしまったと考えるほうがいいですよね。

どんなに仲のいい間柄でも、お金の貸し借りは、失っても痛くない金額じゃない限りやらないほうがいいとおもうんです。


もしお母さんがあなたに借金のことを告白したんだとすれば、助けてくれというSOSだったんじゃないかとおもうんです。かなり切羽《せっぱ》詰《つ》まって追い詰められてのSOSです。やっぱり、それは娘のあなたには知られたくない事実だからです。

お母さんが自分から告白したのか、それともなにかの理由で発覚したのかわかりませんが、どちらにしても、ぼくはちゃんと相談にのってあげたほうがいいとおもいます。

あなたはきっとお母さんに幻滅したんだとおもうけど、幻滅してしまったこと自体にも悩んでいるんですよね。あなたが、お父さんではなくお母さんのことをより慕《した》っていたことも、お母さんは自覚しているはずです。

ここでもし見捨てるようなことをしたら、一生の後悔にもなりかねないとおもいます。それに、お母さんの借金は見捨てるほどの状況でもないんじゃないでしょうか。

そもそも借金って悪の代名詞のように扱われていますけど、借金は社会に必要なものです。借金を一括《ひとくく》りに悪にできるのは、借金をする必要がない人か、知り合いにお金を貸して失敗した人だけですよ。

ぼくは失敗したけど、借金をすべて悪だとはおもっていません。たとえば、ぼくはいまでも毎月クレジットカードで借金をしています。クレカ引き落としでスマホ決済の利便性を享受しつつポイントも貯まるタイプの借金なので、まったく問題ないとおもっています。借金はお金の使いみちと金利の組み合わせで善悪が変わります。たとえば借金の最悪な金メダルは、ギャンブルをやめられなくて闇金から借りてしまうことでしょう。

200万円の車を購入するのに、銀行から2・5%ぐらいの金利でお金を借りることを、ぼくは悪だとはおもえません。奨学金についても賛否ありますが、完全な悪ともいえませんよね。

奨学金があったおかげで進学できて希望の仕事に就けた人にとっては、悪い借金ではなかったとおもいます。奨学金がなくて金利3・5%くらいのローンを組んでしまうことのほうがよほど危険だとおもいます。もちろん返還不要になったほうが理想だけど。

お母さんの借金の理由と、どこから借りて金利がどれくらいなのかをまずは確認しましょう。怒らずに落ち込まずによく話を聞いてみてください。

もしも生活費として借金をしてたのであれば、お父さんは充分な生活費を渡していたのか？　という疑いもでてきます。自営業の手伝いをタダ働きでやってお金がなくなったのと、ヒマだったけどダラダラと身の丈に合わない買い物をしていたのでは、話がずいぶん変わります。

美味しいご飯や、たのしい旅行の原資が借金だったのかもわからないので、ちゃんと確認をしたほうがいいですよ。それにぼくは、家族とたのしい思い出を作ることが目的だったとしたら、それを極悪な借金だとはおもえません。

借金がある状態だからといって、霞《かすみ》を食べるような生活なんて送らなくてもいいんですよ。借金は使いみちと金利で善悪が変わります、悪の借金じゃないなら返済計画をたててうまく利用すればいいだけです。

ただ、本当に闇金から借りていたら最悪です。どう考えても闇金から借金なんてしないほうがいいでしょう。やむを得ない理由の借金だったとしても、法定金利を大幅に超えていたら極悪借金になってしまいます。人生が壊されかねません。

あと、確認するべきだとおもうのが、自営業のお店での20万円の借金なんですけど、これはちゃんとしたお金なんでしょうか？　もしもお店のお金に勝手に手をつけて横領している状態なのであれば、やはり相談にのってあげてはどうでしょう。

あなたが一時的に立て替えてあげるか、もしくは20万円をあげてしまうか、よそで借金をさせて充当するか。あなたがお母さんとのことをどう考えるかによりますが、相談くらいはのってあげてもいいんじゃないかな。

残り60万円はどこから借りているのでしょうか。もし消費者金融なら、50万円を超えていると、複数社にわたっている可能性があります。多重債務に陥《おちい》っているなら、債務整理などを検討したほうがいいとおもいます。

そもそも、30年以上の結婚生活をお父さんの夢で終わらせたのだし、財産分与が60万円ぐらいにはなりませんでしたか？　そのあたりのことが苦手なら、ぼくよりも弁護士に相談することを勧めます。

あと、これはぼくの経験上の話ですが、借金の告白をする人の中には少なく申告する人がいます。ちょっとでもマシに見せたいのか、少なくサバを読むんですよね。念の為、本当に80万円なのかも確認しましょう。

とにかく一度冷静になって、お母さんの話を整理して、相談にのってあげたほうがいいです。いままでにお金の無心をされてきたわけではないんですよね。まだ割り切って見捨てるような状況ではなく、割り切って相談にのる段階だとぼくはおもいます。

ただ、あなたの経済状況を崩壊させるような助け方は止《や》めましょう。そして、もしこの問題をお母さんが繰り返したときにどうするかを、本当に割り切って考えましょう。

人をバカにしたり見下したりしないで、他人を褒めるだけであなたは大丈夫

Q

はじめまして、幡野さん御一家のいちファンです。特に奥様と幡野さんの撮るゆうくんのほっぺと笑顔をみると、ほんとっっっっっに可愛くて癒されて天使で、今日もがんばろうって思えます。そんな素敵な写真を日々発信してくださって、ありがとうございます。

私が幡野さんに相談したいことは、どうすれば同年代の人から見下されない人になれるんだろうということです。なぜ幡野さんに聞きたいのかというと、以前早稲田の講演で拝見した時にどんな人とも対等に関われる強い方と感じたからです。1年前田中さん（編集部注：田中泰延さん）とフレンドリーに話しつつも、同調するだけでなく人を惹《ひ》きつける芯をもつ意見を言う姿を見て、幡野さんのような30代になりたいなと思ったのでぜひ相談させてください。

自分が舐《な》められやすいな、見下されやすいなと感じ始めたのは小学生の時でした。その頃からグループワーク等で自分の言葉には発言力がなく軽んじられるタイプでした。その後も中高と部活などのチーム内でもいじられキャラとして、ぞんざいな

扱いを受けることが多かった気がします。

そして４月から就職を控えた今も、４年間仲良くしてたと思っていた友人から他の友達と遊びに行くためのタダ宿兼アッシーにされて、先日の夜きれて、自分って彼女にとってなんなんだろうな……て思ってしまいました。

他にも部活の同期から『みかんみたいなちょろい女よりマシ』と冗談混じりに言われたり正直辛いです。不思議と年上の方からは、好かれることも多くしっかりしてるとよくいわれます。その一方で、同級生からは舐められて馬鹿にされることが多いです。

同級生とも対等に関われる強い人になるにはどうすればいいと思いますか？

（みかん 22歳 女性）

A

うちの息子はかわいいってよくいわれるんです。親バカを存分に発揮しますけど、ぼくもかわいいっておもってます。調子にのって息子自慢をしてしまうのだけど、うちの息子って性格がとてもいいんですよ。

たとえばぼくが料理を作ると、「おとうさんの料理はさいこうだよ!!」って拍手をしながら褒めてくれます。こうやってパソコンで原稿を書いていると、書き終わったとき「よくがんばったね」って労《ねぎら》ってくれたりもします。

一緒にゲームしているときにぼくが失敗をすると、「失敗したっていいんだよ」ってフォローもしてくれます。うちの息子ってぼくのことを見下さないんですよ。

見下してくる人って嫌じゃないですか。もちろんぼくだって、軽蔑《けいべつ》している人や嫌いな人はいますよ。でも、そういう人とは関係をもちません、大人なので距離をとります。嫌な人と一緒にいると、こっちまで嫌な人になっちゃうんですよね。

感情の配分で、性格って変わります。嫌な感情の配分を増やせば、負のオーラをまとう人になります。頭の中がお花畑という人も、危機管理能力が低いだけで性格はいい人が多い。

生活環境ってどんな人と一緒にいるかで大きく変わるんだけど、それが自分の性格や健康にまで影響を及ぼすし、それによって形成された自分の性格がまた人に影響を与えるから、どんな人と付き合うかはほんとに大事だよ。

そんでもってあなた、性格がめちゃめちゃいいですよね。じゃなかったら他人の子どものことなんて褒めませんよ。いい人だなぁってしみじみ感じています。あなたみたいな人に親戚になってほしいんだよね。あなたはきっとうちの息子によくしてくれて、ぼくはあなたにご飯を奢《おご》ったりなんでも買ったりしてあげるの。めちゃくちゃ好循環じゃないですか。

ぼくからすれば、あなたのことを見下すお友達がアホだとおもいます。社会に出たら需要があるのはあなたですよ、だって性格がいいもん。友達をタダ宿兼アッシーにしちゃう人ってダメでしょう。

社会で需要があるというのは、ちょっと極端に感じられるかもしれないけど、人から好かれるし、お金だって稼げるということなんです。まず、あなたは自分の性格に自信を持って、その性格を大事にしたほうがいいですよ。

ぼくも若いころはわりとバカにされたり見下されたりしてきました。バカにされたり見下されたりしていいことは何一つありません。若いときの苦労は買ってでもしろっていうけど、購入してはいけない苦労の一つがバカにされることなんです。

あなたの性格のよさを維持するためにも、バカにされたり見下されたりする環境からは距離をとってほしいとおもいます。

現実的なことをいうと、見た目を変えるだけで見下されることはかなり防げます。見た目なんて関係ないっていいたいところなんだけど、見た目って超重要です。

暴力団だって舐《な》められないような見た目と雰囲気を醸《かも》し出すし、暴力団を取り締まるマル暴の警察官だって、暴力団と遜色《そんしょく》がないくらい舐められない雰囲気をもっています。

ぼくはアシスタントをしているときに、いい服を着ろ、いい外車に乗れ、いいカメラを買え、ということを先輩によくいわれました。使う道具よりも写真の腕のほうが大事だし、自分の見た目なんて写真の質と関係ないじゃんっておもいました。

でも、一回の撮影料が普通の会社員の月収を超えるのがザラな世界なので、先輩がそうおもうのも当然なんですよ。高級なホテルに宿泊すれば、ホテルマンは見た目もキリッとしていて、使っているボールペンだっていいボールペンになりますから。

見た目ってそれだけで相手に安心感を与えることができるんです。高いお金を払って撮影を依頼するのって、依頼主からすると不安もあるんです。でも、いい服やいい車やいいカメラをもっているだけで、この人は成功しているちゃんとしたカメラマンだ、っていう安心材料になるんです。

体調を崩して病院に行ったとき、医者が自分以上に不健康そうだったり、不潔な格好をしていたりしたら嫌でしょ。この人の診断や処方は大丈夫なのか？　って不安になるよね。

どんな業種でもそれぞれの業界にそれぞれの安心材料があって、その職業の人特有の雰囲気が作られていきます。ちなみに撮影業界の人も見た目の雰囲気がみんな似てます、ヒゲ率は高いし、似たような服を着ています。

デザイナーさんっぽさや、お医者さんっぽさってのもあるでしょ。どことなくみんな雰囲気が似てくるのは、そういうところに理由があるんじゃないかってぼくはおもいます。それくらい、見た目で相手に与える印象が変わるんです。

これから就職するなら難しいかもしれないけど、見下されたくなければ見た目の雰囲気を変えてしまうのがいちばん簡単だとおもいますよ。見た目を変えるだけでは本質的な解決とはおもえないかもしれないけど、見下されないという経験ができると、それが性格に反映されたりします。見た目一つで物事を優位に進められるなら、どんどんやったほうがいいとおもうんですよ。

ぼくは野生のクマみたいなルックスで、年齢だってもう若くない、背中一面に虎《とら》の刺青《いれずみ》が彫《ほ》ってあって、ちょっといい服を着て、ちょっといいカメラをもっているから、見下されることはあまりありません。

背中の虎はウソで、ただの猫背なんだけど、雰囲気って重要です。ジャイアンみたいな人にターゲットにされると、スネ夫みたいな人まで調子に乗ってやってくるから、いい返すことだって大切です。

ぼくはアシスタントのときにパワハラで悩んだことがあったんだけど、相手にははっきりと、あなたのことが嫌いですって伝えたよ。いまならよくわかるんだけど、**誰かを見下す人って自信がない人なんだよね。**自信を得るために誰かを見下しているんです。

人をバカにしたり見下したりする人って、結局のところ実力がない人で、とっても防御力の低い人たちだったりします。だから、一回いい返したら舐められなくなるかもしれませんよ。


また友達から見下されることがあるかもしれないけど、おなじ会社に就職するわけじゃないならそんなに気にしなくていいし、あなたは次のステージで見下されないようにしたほうがいいよ。

同級生のことよりも、1年後の自分をどうするかを考えたほうがいい。あなたがどんな強い人をイメージしているかわからないけど、ぼくは自分のことが好きな人が最終的にいちばん強いとおもいます。

ちょっといいボールペンを使うとか、ボーナスが出たらちょっといいコートを買うとか。ちょっといい傘や水筒を使ったりすると、生活の質もテンションも上がります。

これはぼくの経験則だけど、ちょっといいモノを使っているときに、その良さに気づいてくれた同僚や先輩のことは大切にしたほうがいいです。**いいモノに気づいてくれる人は**

いい人です。逆にモノの良さに気づけない人は返してくれないことがあるから、いいボールペンを貸すときは要注意ね。

あとは就活生や新入社員っていう弱い立場を利用して、あえて自分を踏み絵にするといいですよ。弱い立場のあなたに良くしてくれる人はいい人だから、そういう先輩を目標に仕事をがんばるといいよ。立場の弱い人に強く出たり見下したりすることなんて、アホでもできるんです。

あなたに丁寧に接してくれて、成長を促してくれる人のほうが圧倒的にすごい人なので、そういう人を見つけてください。そして2年後や3年後はあなたもそんな人になって、後輩を成長させてください。

あとは突拍子もないアドバイスとおもわれそうだけど、手品を2、3個覚えたらどうだろう。手品は覚えたら一生モノです。1個よりも2、3個あったほうが場が盛り上がるよ。手品って老若男女、世界中のどんな人でも笑顔にできます。

それと、まだ就活中ならオンラインで面接したりとか、就職したらオンラインで打ち合わせしたりする機会が増えるとおもうんだけど、パソコンをテーブルに置くときに自分の目線よりもすこしだけ高い位置に置いたほうがいいよ。

スマホで自撮りするときってみんなカメラを上に持ち上げるでしょ、それと一緒。パソコンを下に置くと相手からすると上から見下ろされた映像になるし、下からのアングルって、うつりがとても悪くなるからね。

あなたなら大丈夫、ぼくが保証します。あなたはすでに性格がいいから、人をバカにしたり見下したりしないで、他人を褒めるだけでいいよ。それだけで大丈夫。

好きなモノをもって、好きな人と付き合って、好きなことをして、すこしのユーモアがあるだけでストレスの少ない人生になります。なにより人を見下さないって楽でいいです。

息子のことを褒めてくれてありがとう。あなたが褒めてくれるから、ぼくもあなたのことを褒めるんです。**敵意は敵意で返ってくるけど、好意は好意で返ってきます。**就職してもがんばってね。

Q 彼かあなたがエスパーじゃない限り、言葉にしないと伝わらない

貧乏から抜け出せない自分がいます。

交際半年の歳上の彼氏と最近同棲について話し合っているのですが、家賃や生活費にいくらかけられるかという話でふと彼の言った「いちいち電源コードを抜くような残念な節約はしたくない」という言葉にひっかかり自分の気持ちを言葉にしたらどうしても泣けてきてしまいました。

私はその残念な節約をする家で育ってきて、これまでの生活やひとり親で大変ななか育ててくれた母親を否定された気持ちになってしまい。

2人いる兄も育った環境に関係なく自分の人生を謳歌《おうか》しているように見えて、どうして自分は今まで貧乏なまま諦《あきら》めてきてしまったんだろうと惨めな気持ちになりました。

私は趣味を仕事にしてなんとかやっていましたが、薄給で親に無理をいって専門学校にも通わせてもらったのだから貧乏やむなしと思って生きてきました。

今はその仕事も色々と疲れて辞めてしまい、それでも相変わらず余裕のない生活

です。

心が貧乏なまま生きていきたくはないけれど、どう抜け出せばいいのか分かりません。どうしたら良いでしょうか。

あと同棲に際して幡野さんは一番なにを重視されますか？　よければ参考までに教えていただけると幸いです。

（まあ　27歳　女性）

A

あなたの彼がいった「残念」って言葉は、わかりやすくいえば「費用対効果が悪い」って意味だとぼくはおもうんです。ぼくも電源コードを抜いて待機電力を節約したりはしません。待機電力をカットすれば1ヶ月で数百円ぐらいの節約になるのかもしれないけど、ぼくにとってはリモコンやスイッチ一つで起動する利便性のほうが上回ります。

でも節約に無頓着《むとんちゃく》ってわけではなくて、カメラを買うときは駅前の家電量販店では買わないようにしてるんですよ。1時間電車に乗ってぼくが知ってる安いお店に行けば、数万円は安くなります。

折込チラシが全盛だったころって、1円でも安い卵を買うためにちょっと遠いスーパーまで行くような風潮がありました。スーパーからすれば、卵を安く売るだけで、普段なら来てくれないお客さんを集めることができるわけですよ。

あとは牛乳やら魚やら肉やらを、他のスーパーよりもちょっとだけ高く売れば元が取れます。だったらそれぞれ最安値のスーパーをはしごするのが正解かといえば、安いお店を回るのは効率がめちゃくちゃ悪いとおもうんです。時間も労力もかけるくらいなら、一つのスーパーで全部買ったほうが楽だし効率もいいじゃないですか。

節約ってなんでもかんでもやることが正解ではなくて、費用対効果を考えることが大切だとおもうんです。もちろん、世の中には節約が趣味という人もいます。趣味というのは節約とは真逆で、時間と労力をかけてたのしむものなので、節約が趣味という人はそれはそれでいいんじゃないかとおもいます。

他人の趣味を否定するべきではないけど、ただ、趣味の押し付けをされるとなると、とても迷惑じゃないですか。

節約のことやお金のことって、人それぞれ価値観が大きく違ううえに、趣味という要素やこれまでの苦労すらも絡んでくるので、自分と合わない価値観を押し付けられちゃうと面倒なんですよ。だからまずは、節約のことも生活費のことも貯金のことも、彼とよく話し合ったほうがいいですよ。

とりあえず、次にまた彼から「いちいち電源コードを抜くような残念な節約はしたくない」というようなことをいわれたときには「そうなんだ、うちはやってたんだよね」ぐらいのことはいったほうがいいですよ。もちろんケンカ腰じゃなくてね。

彼は別に、あなたのお母さんのことを否定したいわけではないとおもうんです。そもそもお母さんがそういう節約をしていたことも知らないでしょう。知っていたとしても、デリカシーがないだけということだとおもうんです。

彼はこれからもあなたをモヤモヤとさせたり意識せずに傷つけてしまう可能性があるけど、あなたが何らかの形で指摘をすればそれを防ぐことができます。少なくとも、彼があなたのお母さんと会ったときに「残念な節約」なんて言葉は使わなくなるわけです。

これは癖《くせ》やズボンのファスナーとおなじで、家族やパートナーが指摘してあげないと、お互いのためにもならないですよ。他の人はなかなか指摘できませんから。

デリカシーってそうやってちょっとずつ学ぶものだし成長させていくものです。それに、すぐ指摘をすることで、あなたのモヤモヤも軽減するとおもうんです。少なくとも、今泣いているような状況にはならないでしょう。

ぼくは結婚して10年が経つのですが、夫婦関係でいちばん意識していることは、**「妻は他人」**ということです。もちろん法律的には配偶者ですけど、生まれ育った環境だって違うんだから考えていることなんてわかりません。夫婦だろうが、今夜何を食べたいのかもわからないから何を食べたいか聞くんです。

それから、妻に何かを期待するということもまったくしません。勝手に期待して、期待が外れたときに勝手にガッカリしたり怒ったりする人って、ただの自分勝手でしょ。

あなたも察してほしいという気持ちがあるかもしれないけど、彼かあなたがエスパーじゃない限り、言葉にして伝えないと絶対に伝わらないから、我慢をするか伝えるかの2択でしょうね。

同棲や結婚生活で避けるべきは、お互いの存在がストレスになることだから、やはり我慢はしないで伝えたほうがいいでしょうね。我慢をし続けても、溜《た》まったモヤモヤがいつか爆発して、関係が壊れるだけです。

そのとき、**どんな言葉で伝えるのかが大事**ですよ。ぼくは写真家になる前にいろんな人のアシスタントについてきたんですけど、クソみたいな人もいれば釈迦《しゃか》みたいな人もいました。それがいちばんあらわれるのは、何かを指摘するときなんですよ。

クソの指摘は何いってるかわからない上に理不尽っていう、どこまでもクソなんだけど、釈迦の指摘ってもはや教えなんだよね。釈迦みたいな人って、指摘の仕方がめちゃくちゃ上手いんですよ。

同棲を考える現段階ですら話し合いができない、もしくは話し合いが成り立たないのであれば、今後改善する可能性は低いとおもいます。もし結婚をしたいとおもっているなら、相手がエスパーになってくれると期待せずに、よく考えたほうがいいとおもいます。

貧乏は、抜け出したいのであれば抜け出したほうがいいとおもうんです。具体的な方法は人それぞれなんだけど、まずは貧乏を否定することが最初の一歩だとおもいます。もちろん自分の貧乏のことだけですよ、誰かの貧乏をわざわざ否定しちゃダメです。

「私は趣味を仕事にしてなんとかやっていましたが、薄給で親に無理をいって専門学校にも通わせてもらったのだから貧乏やむなしと思って生きてきました」

「今はその仕事も色々と疲れて辞めてしまい、それでも相変わらず余裕のない生活です」

これ、ぼくはまったく理解できません。なんで趣味を仕事にしたり、親に無理をしてもらって学校に行ったりしたら貧乏やむなしなんですか？　好きなことを仕事にしたり、親が無理をして学費を払ってくれたことと引き換えに、貧乏という苦労を受け入れていませんか？

好きなことを仕事にしてジャンジャン稼ぐ人もいるし、嫌な仕事を低賃金でする人もいるので、苦労がすべて金銭的に反映されるとはぼくはおもいません。むしろぼくは、仕事において無駄な苦労は無駄だとおもっています。あえてキツイいい方をしますけど、それは発想が貧しいだけなんです。

これは自戒を込めて書くんですけど、**親って子どもに対するお金の教育にとても責任がある**とおもっています。お金に対する考えって親の価値観を押し付けることが多く、それで子どもは人生を左右されてしまうんです。

なのに、お金の常識って10年経つとまったく変わってしまうことがあるから、普遍的なお金の教育って難しいんです。自分の親から影響を受けたお金の価値観には疑問を抱いたほうがいいし、お金に対する価値観は時代や自分の状況とともにアップデートしていったほうがいいです。

いまからお金のことを勉強して、あなたの生活に合った独自のお金論を持つといいとおもいます。ぼくにも独自のお金論があるけど、あなたにも合うわけじゃなく、あくまでぼくにぴったりのお金論なんです。

偉そうなこといってるけど、ぼくはあなたとおなじ27歳のころって月収が10万円だったんです。そこから健康保険や年金の保険料を支払っていたので、人生でいちばんお金がなかったんです。妻と付き合っていたのはこのころで、お金のことを勉強したのは妻が妊娠中のときですよ。

そんなに難しい勉強でもないので、まずはお金リテラシーを上げてから、収入を増やすことを考えましょう。収入が増えたってお金リテラシーがないとお金は活かせません。あなたがいま手にしているスマホで勉強ができます。今日から勉強をはじめましょう。

【最終回】人はしあわせになるために生きている

たくさん届いた相談の中からどれを選ぼうかと考えたけど、最終回に選ばれてしまった人もちょっと気まずいだろうし、最終回は相談に答えないで、この連載を通して感じたことを書いてみたい。

これまでに累計で6000件ぐらいの悩み相談が送られてきた。年齢層はバラバラだけど、20代から40代が中央値で9割以上が女性だった。ペンネームは餅《もち》にちなんだものが多かった。「もちこ」とかだ。おかげでスーパーで餅を見かけると、なんで人は悩むと餅になるのかと考えてしまう。人気のペンネームなのかもしれないけど、これは本当に謎だった。なぜかもちこ。

相手の顔がわからず、文字でやりとりをするだけの人生相談だから、これまで続けることができた。これが対面だったり直筆《じきひつ》の手紙だったりしたら、ぼくは心が弱いタイプなので、きっと心を病んでいただろう。

そもそも誰かに人生相談をするのは勇気が必要だし、リスクも伴っている。相談をした相手がペラペラと秘密を暴露してしまうかもしれないし、無茶な答えを押し付けてくる可能性だってある。そして相談をされた側の心理的な負担もよくわかっているつもりだ。

ぼくは悩むことがほとんどない。困ったことがあってもそれは解決すべきトラブルなだけで、合理的な解決を目指してしまう。そして解決ができないことはサラッと諦める。この連載を開始してから、ぼくは誰かに相談するということが完全になくなった。すこし皮肉な話だ。自分の中で人格を2つに分けて、他人の人格になった自分に相談をして答えてもらっている。

大きな声でブツブツとセルフ人生相談をしているので、仕事から帰宅した妻には自宅で取材を受けていると勘違いされたことがあるほどだ。なんかすでに病んでいる感じもするけど、いまのところこれで上手くいっている。

人は自分のことは悩んでしまっても、他人の悩みにはいとも簡単に答えを出せるものだ。**自分の悩みは大事《おおごと》であっても、他人の悩みは他人事《ひとごと》だからだ。**別に悪いことじゃない、親身になって誰かの悩みを自分事にしてしまうほうが、沼にハマって共倒れする危険がある。一線を引くというのは必要だ。

恋愛ドラマの最終回の翌週に、別の俳優さんであたらしい恋愛ドラマが始まるように、一つの相談に答えると、似たような相談がたくさん届く。こちらからすればさっき似たような相談に答えたんだから、それを参考にしてくれないかとおもってしまうのだけど、やはり悩む人は自分のことだから大事で、答えるぼくは他人事なんだろう。

この連載を書籍化したシリーズの2冊目のタイトルを『なんで僕に聞くんだろう。セカンドシーズン』にしないで『他人の悩みはひとごと、自分の悩みはおおごと。』にしたのは悩みの真理めいたものに気づいたからだ。それにセカンドシーズンはダサすぎる。

どんな状況に陥《おちい》ろうとぼくは自分の悩みを他人事にしている、そりゃ解決できる。でも誰かに相談することを否定しているわけではなく、悩んだら相手を選んで相談したほうがいい。そして悩まないに越したことはない。

たくさんの相談に目を通したわけだけど、写真やカメラの相談なんて10件ぐらいしかなかった。芸能人やアスリートやインフルエンサーの方から相談が届くこともあった。きっと不安でどうしても答えてほしかったのだろう。おなじ相談を何十通も送ってくる人もいた。悩みを書いたことですっきりとして相談をキャンセルする人もいた。

表面的にはいろんな相談があったけど、本質的には人の悩みはどれもとても似ている。**人の悩みはすべて人間関係だ。**これはもう結論づけていいぐらいだ。

でも人間関係が悩みの根本の原因ではない。それよりも人の目を気にしていることが引き金となって、悩みの弾丸が銃口から飛び出ている。お金のことや仕事のこと、将来の夢など一見すると人間関係がらみではないように感じる悩みも、本質的には人間関係の悩みであり、誰かの目を気にしていることが原因だ。

子育てをしていると頻繁《ひんぱん》に感じることだけど、自分の子どもとよその子どもを比べてる人がたくさんいる。○○ちゃんは立つのが早い、喋《しゃべ》るのが早い、おむつがとれるのが早い。保育園でそんな話題になるとグヘェとなる。

これが小学生になればテストの点数、大学生になれば学歴や就職先、社会人になれば結婚や出産、家庭を持てば配偶者や子どものこと、どこかの誰かと比べる人はどこまでも比べていく。

比べられる環境で育てられて、人と比べる社会で生きているのだから、そりゃ誰だって人の目を気にする大人になるし、自分が誰かと誰かを比べる側になっても不思議じゃない。

人は誰かの目を気にしていることが引き金になり、人間関係で悩んでしまう。なんでそんなことになっているかといえば、ちいさなときから人と比べられることが原因のような気がする。

経済的に豊かになるための競争社会を否定するつもりはないのだけど、競争させるために不安感を煽《あお》るのは間違いだろう。

自分の子どもとよその子どもを比べても、子どもにとっては負担になる。子どもに必要なのは不安感ではなく安心感だ。だからぼくは自分の息子のことを、ほかの子どもとは比べない。一年前と現在を比べてあげれば、成長がよくわかる。それで肯定している。

大人だって誰かの目を気にして、誰かの人生と自分の人生を比べることはしないほうがいい。ウサイン・ボルトと自分を比べても意味がない。自分がされて嫌なことを、わざわざ自分で自分にすることはない。大人になっても一年前と現在を比べて、自分で肯定してあげればいい。大人にも安心感が必要なのだ。

強者の意見なのか弱者の意見なのかよくわからんけど、ぼくはがんになっても自分のことを肯定している。自分のことが好きだ。

「なんで人は生きるんですか?」ってことを聞かれれば、ぼくは「しあわせになるために生きてる」って答える。しあわせになったほうがいいとかじゃなくて、しあわせになるべきだとおもってる。

でもしあわせの価値観は人それぞれだ。家庭を持つことがしあわせな人もいれば、独身がしあわせな人もいる。表舞台にでたい人も、裏方にいたい人もいる。孤独を恐れる人も、孤独に美しさを感じる人もいる。簡単にいえば好きなものが人それぞれ違う。好きな料理だって違うんだから当然だ。

誰かのしあわせの価値観を押し付けられると不幸がはじまる。それを防ぐには自分のしあわせの価値観を見つけることだ。**人の目を気にせず、自分のしあわせを人に委託しない**

で、自分のしあわせを大切にするべきだ。

そして自分のしあわせの価値観を持たない人を不幸だと決めつけないほうがいい。自分のしあわせの価値観で相手を侵略しないほうがいい。しあわせの価値観というのは、盾《たて》にも矛《ほこ》にもなる。

うさんくさいのは承知の上だけど、それぞれのしあわせの価値観でみんなしあわせになってほしい。最終回に「大変ですね、専門機関に相談してね」という結論ありきの話を薄く伸ばしたような記事を書くよりも、うさんくさいけどこっちのほうがいいだろう。

この連載を続けていた一つの理由がある。原稿料だとか書籍の印税だとか夢があふれる話じゃない。相談に答えた後に送られてくる、相談者さんからのメッセージが原動力となって続けていた。

6〜7割ぐらいの確率で相談者さんからメッセージが届いた。記事が公開された当日に届くこともあれば、一年ぐらい経って届くこともある。写真展会場にいるときに高速バスを使って、直接お礼を伝えにきてくれた高校生の相談者さんもいた。

イベントで地方に行って書籍にサインをしているときに「いま生きているのは幡野さんのおかげです」といわれた。自殺をしたいと相談をしてきた相談者さんだった。旅に行きたいけど親が反対しているという相談者さんは、旅先でのたのしい話をいくつも送ってくれた。旅にはカメラがあるとよりたのしくなるので、使っていない一眼レフカメラを送った。

統合失調症で社会の偏見に悩んでいる相談者さんとは、おなじ市内に住んでいることもあってスタバでフラペチーノを一緒に飲んだ。ぼくとお茶をするのが将来の夢だという相談者さんには、愛媛で焼肉をご馳走した。ヒマな病人だからこそできることだ。

相談のあとに結婚をした人も、ちいさなお子さんを抱えて離婚をした人もいる。結婚をした人はパートナーと、離婚をした人はちいさなお子さんと一緒の笑顔の写真を送ってくれた。人は悩んでも、選択をして行動をした先にしあわせになるのだと感じた。

公開されることのない、ぼくだけが知っている相談者さんのその後がたくさんある。

自分の相談が掲載されると、相談者さんは心臓が止まりそうなぐらい驚くそうだ。呼吸が荒くなり汗も出て、とにかく焦るらしい。いきなり本題に入らずに、おもしろくもない話で文字数を増やしていたのは、すこしでも相談者さんの緊張をほぐしたかったからだ。

相談者さんからのメッセージを読むときは、こちらも心臓が止まりそうなぐらい緊張をする。嬉しくなることも、胸が張り裂けそうになることもある。読んだ後はだいたい鼻水がズルズルになるほど泣いている。

相談者さんからはどうしても感謝をいわれてしまうけど、ぼくはあくまで相談に答えただけだ。悩んで足が止まっても、また歩き出したのは相談者さんだ。相談者さんががんばった結果だ。すこし心配になりつつも相談者さんのしあわせを願い、応援をしている。

ぼくからすれば一般的な写真家の人生では経験できないことをさせてもらえた。病人になっていわゆる「生産性の無さ」に苦しめられてきたのだけど、相談者さんからのお礼ですこしでも役に立てた実感を得ることができた。

最終回らしく感謝の言葉をいいたいのだけど、相談者さんたち本当にありがとう。そして読者の方々にはこういう形で終わることの申し訳なさがあり、謝ろうか感謝を伝えようか随分と悩んだ。

相談者さんたちってＳＮＳで拡散される、読者の方々の応援や励ましのコメントで勇気をもらっていたんですよ。ぼく自身も勇気をもらっていました。だから、本当にありがとうございました。またどこかで。

本書は、cakes「幡野広志の、なんで僕に聞くんだろう。」
（2020年6月29日～2021年5月24日掲載分）
の中から31コラムを選び、加筆修正したものです。

ブックデザイン　名久井直子
写真　幡野広志
協力　小池花恵
編集　大熊 信（note株式会社）
　　　袖山満一子（幻冬舎）

幡野広志

HIROSHI HATANO

1983年、東京生まれ。写真家。2004年、日本写真芸術専門学校中退。2010年から広告写真家・高崎勉氏に師事。2011年、独立し結婚する。2016年に長男が誕生。2017年、多発性骨髄腫を発病し、現在に至る。著書に『ぼくが子どものころ、ほしかった親になる。』(PHP研究所)、『写真集』(ほぼ日)、『ぼくたちが選べなかったことを、選びなおすために。』(ポプラ社)、『なんで僕に聞くんだろう。』『他人の悩みはひとごと、自分の悩みはおおごと。#なんで僕に聞くんだろう。』(ともに幻冬舎)、『ラブレター』(ネコノス)がある。

Twitter@hatanohiroshi
note@hatanohiroshi

だいたい人間関係で悩まされる
#なんで僕に聞くんだろう。

2023年1月25日　第1刷発行

著　者　　幡野広志
発行人　　見城 徹
編集人　　菊地朱雅子
編集者　　袖山満一子

発行所　　株式会社 幻冬舎
〒151-0051 東京都渋谷区千駄ヶ谷4-9-7
電話　03（5411）6211（編集）
03（5411）6222（営業）
公式HP：https://www.gentosha.co.jp/

印刷・製本所　中央精版印刷株式会社

検印廃止

Printed in Japan
ISBN978-4-344-04072-4　C0095

この本に関するご意見・ご感想は、
下記アンケートフォームからお寄せください。
https://www.gentosha.co.jp/e/